PRÉFACE

*C'est sous le signe de la lumière qu'est placée cette encyclique du pape François sur la foi. Il ne cache pas que son prédécesseur, Benoît XVI, « avait déjà pratiquement achevé une première rédaction d'une Lettre encyclique sur la foi ». Il lui en exprime sa profonde reconnaissance et ajoute que : « dans la fraternité du Christ, [il] assume son précieux travail, ajoutant au texte quelques contributions ultérieures » (n° 7). Cette encyclique est publiée au cœur de l'*Année de la foi *qui a commencé le jour du 50e anniversaire de l'ouverture du concile Vatican II qui fut un concile sur la foi. Celui-ci « a fait briller la foi à l'intérieur de l'expérience humaine, en parcourant ainsi les routes de l'homme d'aujourd'hui » (n° 6).*

Beaucoup d'images se référant à la lumière sont présentes dans cette encyclique, depuis les astres (soleil et étoiles) jusqu'au cierge pascal. On pourrait penser que dans la simplicité du texte et les nombreuses comparaisons employées se trouve la marque du pape François.

Cette encyclique se place résolument sous l'angle des relations personnelles. À bien des reprises, il est dit que la foi naît de la rencontre avec le Dieu vivant (n° 4, 13, 18, 30, 40...). Le titre du premier chapitre est particulièrement révélateur en ce sens : « Nous avons cru en l'amour. » Ainsi, à partir d'Abraham et de sa foi, se trouve décrit le processus de la foi qui naît de l'écoute et qui est réponse à la Parole de Dieu venue faire alliance avec l'être humain. Des expressions fortes peuvent être signalées et mériteraient d'être méditées : « Croire signifie s'en remettre à un amour miséricordieux qui accueille toujours et pardonne, soutient et oriente l'existence » (n° 13) ; « La foi consiste dans la disponibilité à se laisser transformer toujours de nouveau par l'appel de Dieu » (n° 13) ; « Les chrétiens [...] confessent l'amour concret et puissant de Dieu, qui agit vraiment dans l'histoire et en détermine le destin final, amour que l'on peut rencontrer » (n° 17) ; « Le chrétien peut avoir les yeux de Jésus, ses sentiments, sa disposition filiale, parce qu'il est rendu participant à son Amour, qui est l'Esprit » (n° 21).

Des citations d'auteurs chrétiens frappent aussi par leur force : « L'homme est fidèle quand il croit aux promesses que Dieu lui fait ; Dieu est fidèle quand il donne à l'homme ce qu'il lui a promis » (saint Augustin, n° 10) ; « [...] l'Église est la porteuse historique du regard plénier du Christ sur le monde » (Guardini, n° 22).

Une telle méditation sur la foi ne reste pas intemporelle. Elle vient prendre en compte les mentalités d'aujourd'hui. Sans pouvoir établir une liste exhaustive, voici quelques points qui mériteraient d'être approfondis par les lecteurs de l'encyclique.

– La foi n'est pas seulement une question d'ordre privé ni une consolation dans des temps difficiles (n° 3). Il est impossible de croire seul. Le pape ajoute qu'« il est possible de répondre à la première personne "je crois", seulement dans la mesure où l'on appar-

tient à une large communion, seulement parce que l'on dit aussi "nous croyons" (nº 39). Plus largement, comme le souligne le quatrième chapitre, la foi est un bien pour tous et elle aide aussi à édifier la société.

– Les relations entre foi et vérité sont longuement abordées dans le deuxième chapitre. Dans l'opinion commune, il n'y a plus aujourd'hui de vérité qui s'impose à tous. Il existe une véritable crise de la vérité, note le pape. Nous sommes au temps du relativisme. Dans un tel cadre, « il est aujourd'hui plus que jamais nécessaire de rappeler la connexion de la foi avec la vérité » (nº 25).

Pour présenter la question de la vérité, l'encyclique veut mettre en avant la mémoire. Celle-ci « s'adresse à ce qui nous précède et, de cette manière, elle peut réussir à nous unir au-delà de notre "moi" petit et limité » (nº 25). Le dialogue entre foi et raison est essentiel dans ce contexte. Il a débuté par la rencontre entre le message évangélique et la pensée philosophique grecque et doit se poursuivre dans un esprit d'amour, comme ce fut le cas pour saint Augustin.

« La foi est une lumière [qui] invite à nous incorporer en elle, à explorer toujours davantage l'horizon qu'elle éclaire, pour mieux connaître ce que nous aimons » (nº 36). Ainsi est balisé le chemin de la vérité. Celui-ci ne peut se réaliser que dans l'amour. Sans lui, la vérité devient impersonnelle et opprimante. Mais « celui qui aime comprend que l'amour est une expérience de vérité » (nº 27).

– La foi, parce qu'elle est relation, ne peut pas rester une réalité abstraite. On ne transmet que ce dont on vit, comme la flamme pascale se transmet de personne à personne. Mais, avant tout, la foi s'appuie sur

le baptême qui transforme fondamentalement celui qui le reçoit en le rendant fils adoptif de Dieu et participant de la nature divine.

Les sacrements, spécialement ceux de l'initiation chrétienne, sont des lieux de transmission de la mémoire de l'Église, particulièrement dans la profession de foi (n° 45). C'est vrai aussi dans la prière, surtout le Notre Père, *et dans le Décalogue qui présente la route à parcourir en tant que chrétiens.*

À travers ces réalités, c'est la foi qui se transmet. Le lien avec la foi des origines, celle des Apôtres, se réalise par la fidélité des témoins au fil des siècles. Le magistère de l'Église avec la succession apostolique assure cette transmission avec certitude (n° 36, 49).

L'encyclique ne donne pas de définition de ce qu'est la foi. Elle privilégie l'expérience des croyants et termine par une longue présentation de la foi de la Vierge Marie et par une prière adressée à celle qui a cru.

Elle aidera chacun à approfondir la foi, mais d'une manière que l'on pourrait qualifier de vitale. Elle constitue un appui pour une méditation.

Bonne lecture !

MGR PIERRE-MARIE CARRÉ.

LETTRE ENCYCLIQUE

LUMEN FIDEI

DU SOUVERAIN PONTIFE
FRANÇOIS

AUX ÉVÊQUES
AUX PRÊTRES ET AUX DIACRES
AUX PERSONNES CONSACRÉES ET
À TOUS LES FIDÈLES LAÏCS SUR LA FOI

1. La Lumière de La foi *(Lumen fidei)* : par cette expression, la tradition de l'Église a désigné le grand don apporté par Jésus, qui, dans l'Évangile de Jean, se présente ainsi : « Moi, lumière, je suis venu dans le monde, pour que quiconque croit en moi ne demeure pas dans les ténèbres » (*Jn* 12, 46). Saint Paul aussi s'exprime en ces termes : « Le Dieu qui a dit "Que des ténèbres resplendisse la lumière" est Celui qui a resplendi dans nos cœurs » (2 *Co* 4, 6). Dans le monde païen, épris de lumière, s'était développé le culte au dieu Soleil, le *Sol invictus*, invoqué en son lever. Même si le soleil renaissait chaque jour, on comprenait bien qu'il était incapable d'irradier sa lumière sur l'existence de l'homme tout entière. En effet, le soleil n'éclaire pas tout le réel ; son rayon est incapable d'arriver jusqu'à l'ombre de la mort, là où l'œil humain se ferme à sa lumière.

« S'est-il trouvé un seul homme qui voulût mourir en témoignage de sa foi au soleil [1] ? » demande le martyr saint Justin. Conscients du grand horizon que la foi leur ouvrait, les chrétiens appelèrent le Christ le vrai soleil, « dont les rayons donnent la vie [2] ». À Marthe qui pleure la mort de son frère Lazare, Jésus dit : « Ne t'ai-je pas dit

---

1. *Dialogus cum Tryphone Iudaeo*, 121, 2 : *PG 6, 758.*
2. Clément d'Alexandrie, *Protrepticus*, IX : *PG* 8, 195.

que si tu crois, tu verras la gloire de Dieu ? » (*Jn* 11, 40). Celui qui croit, voit ; il voit avec une lumière qui illumine tout le parcours de la route, parce qu'elle nous vient du Christ ressuscité, étoile du matin qui ne se couche pas.

Une lumière illusoire ?

2. Cependant, en parlant de cette lumière de la foi, nous pouvons entendre l'objection de tant de nos contemporains. À l'époque moderne on a pensé qu'une telle lumière était suffisante pour les sociétés anciennes, mais qu'elle ne servirait pas pour les temps nouveaux, pour l'homme devenu adulte, fier de sa raison, désireux d'explorer l'avenir de façon nouvelle. En ce sens, la foi apparaissait comme une lumière illusoire qui empêchait l'homme de cultiver l'audace du savoir. Le jeune Nietzsche invitait sa sœur Élisabeth à se risquer, en parcourant « de nouveaux chemins [...] dans l'incertitude de l'avancée autonome ». Et il ajoutait : « à ce point les chemins de l'humanité se séparent : si tu veux atteindre la paix de l'âme et le bonheur, aie donc la foi, mais si tu veux être un disciple de la vérité, alors cherche [1] ». Le fait de croire s'opposerait au fait de chercher. À partir de là, Nietzsche reprochera au christianisme d'avoir amoindri la portée de l'existence humaine, en enlevant à la vie la nouveauté et l'aventure. La

1. *Brief an Elisabeth Nietzsche* (11 juin 1865), dans : *Werke in drei Bänden*, Munich, 1954, p. 953 s.

foi serait alors comme une illusion de lumière qui empêche notre cheminement d'hommes libres vers l'avenir.

3. Dans ce processus, la foi a fini par être associée à l'obscurité. On a pensé pouvoir la conserver, trouver pour elle un espace pour la faire cohabiter avec la lumière de la raison. L'espace pour la foi s'ouvrait là où la raison ne pouvait pas éclairer, là où l'homme ne pouvait plus avoir de certitudes. Alors la foi a été comprise comme un saut dans le vide que nous accomplissons par manque de lumière, poussés par un sentiment aveugle ; ou comme une lumière subjective, capable peut-être de réchauffer le cœur, d'apporter une consolation privée, mais qui ne peut se proposer aux autres comme lumière objective et commune pour éclairer le chemin. Peu à peu, cependant, on a vu que la lumière de la raison autonome ne réussissait pas à éclairer assez l'avenir ; elle reste en fin de compte dans son obscurité et laisse l'homme dans la peur de l'inconnu. Ainsi l'homme a-t-il renoncé à la recherche d'une grande lumière, d'une grande vérité, pour se contenter des petites lumières qui éclairent l'immédiat, mais qui sont incapables de montrer la route. Quand manque la lumière, tout devient confus, il est impossible de distinguer le bien du mal, la route qui conduit à destination de celle qui nous fait tourner en rond, sans direction.

Une lumière à redécouvrir

4. Aussi est-il urgent de récupérer le caractère particulier de la lumière de la foi parce que, lorsque sa flamme s'éteint, toutes les autres lumières finissent par perdre leur vigueur. La lumière de la foi possède, en effet, un caractère singulier, étant capable d'éclairer *toute* l'existence de l'homme. Pour qu'une lumière soit aussi puissante, elle ne peut provenir de nous-mêmes, elle doit venir d'une source plus originaire, elle doit venir, en définitive, de Dieu. La foi naît de la rencontre avec le Dieu vivant, qui nous appelle et nous révèle son amour, un amour qui nous précède et sur lequel nous pouvons nous appuyer pour être solides et construire notre vie. Transformés par cet amour nous recevons des yeux nouveaux, nous faisons l'expérience qu'en lui se trouve une grande promesse de plénitude et le regard de l'avenir s'ouvre à nous. La foi, que nous recevons de Dieu comme un don surnaturel, apparaît comme une lumière pour la route, qui oriente notre marche dans le temps. D'une part, elle procède du passé, elle est la lumière d'une mémoire de fondation, celle de la vie de Jésus, où s'est manifesté son amour pleinement fiable, capable de vaincre la mort. En même temps, cependant, puisque le Christ est ressuscité et nous attire au-delà de la mort, la foi est lumière qui vient de l'avenir, qui entrouvre devant nous de grands horizons et nous conduit au-delà de notre « moi » isolé vers l'ampleur de la communion. Nous comprenons alors que la foi n'habite pas dans l'obscurité ; mais qu'elle est une

lumière pour nos ténèbres. Après avoir confessé sa foi devant saint Pierre, Dante la décrit dans *La Divine Comédie* comme une « étincelle, qui se dilate, devient flamme vive et brille en moi, comme brille l'étoile aux cieux [1] ». C'est justement de cette lumière de la foi que je voudrais parler, afin qu'elle grandisse pour éclairer le présent jusqu'à devenir une étoile qui montre les horizons de notre chemin, en un temps où l'homme a particulièrement besoin de lumière.

5. Avant sa passion, le Seigneur assurait à Pierre : « J'ai prié pour toi, afin que ta foi ne défaille pas » (*Lc* 22, 32). Puis il lui a demandé d'« affermir ses frères » dans cette même foi. Conscient de la tâche confiée au successeur de Pierre, Benoît XVI a voulu proclamer cette *Année de la foi*, un temps de grâce qui nous aide à expérimenter la grande joie de croire, à raviver la perception de l'ampleur des horizons que la foi entrouvre, pour la confesser dans son unité et son intégrité, fidèles à la mémoire du Seigneur, soutenus par sa présence et par l'action de l'Esprit Saint. La conviction d'une foi qui rend la vie grande et pleine, centrée sur le Christ et sur la force de sa grâce, animait la mission des premiers chrétiens. Dans les Actes des martyrs, nous lisons ce dialogue entre le préfet romain Rusticus et le chrétien Hiérax : « Où sont tes parents ? » demandait le juge au martyr, et celui-ci répondit :

---

1. *Paradis*, XXIV, 145-147.

« Notre vrai père est le Christ, et notre mère la foi en lui [1]. » Pour ces chrétiens la foi, en tant que rencontre avec le Dieu vivant manifesté dans le Christ, était une « mère », parce qu'elle les faisait venir à la lumière, engendrait en eux la vie divine, une nouvelle expérience, une vision lumineuse de l'existence pour laquelle on était prêt à rendre un témoignage public jusqu'au bout.

6. L'*Année de la foi* a commencé à l'occasion du 50e anniversaire de l'ouverture du concile Vatican II. Cette coïncidence nous permet de voir que Vatican II a été un concile sur la foi [2], en tant qu'il nous a invités à remettre au centre de notre vie ecclésiale et personnelle le primat de Dieu dans le Christ. L'Église, en effet, ne suppose jamais la foi comme un fait acquis, mais elle sait que ce don de Dieu doit être nourri et renforcé pour qu'il continue à conduire sa marche. Le concile Vatican II a fait briller la foi à l'intérieur de l'expérience humaine, en parcourant ainsi les routes de l'homme d'aujourd'hui. De cette façon, a été mise en évidence la manière dont la foi enri-

---

1. *Acta Sanctorum*, *Iunii*, I, 21.

2. « Si le concile ne traite pas expressément de la foi, il en parle cependant à chaque page, il reconnaît son caractère vital et surnaturel, il la suppose intègre et forte, et c'est sur elle qu'il construit sa doctrine. Qu'il suffise de rappeler les affirmations du Concile [...]. Cela nous montre l'importance capitale que le Concile, en conformité avec la tradition doctrinale de l'Église, attribue à la foi, à la vraie foi, celle qui a pour source le Christ et pour canal le Magistère de l'Église » (Paul VI, *Audience générale* [8 mars 1967] : *Insegnamenti* V [1967], 705).

chit l'existence humaine dans toutes ses dimensions.

7. Ces considérations sur la foi – en continuité avec tout ce que le Magistère de l'Église a énoncé au sujet de cette vertu théologale [1] – entendent s'ajouter à tout ce que Benoît XVI a écrit dans les encycliques sur la charité et sur l'espérance. Il avait déjà pratiquement achevé une première rédaction d'une Lettre encyclique sur la foi. Je lui en suis profondément reconnaissant et, dans la fraternité du Christ, j'assume son précieux travail, ajoutant au texte quelques contributions ultérieures. Le Successeur de Pierre, hier, aujourd'hui et demain, est en effet toujours appelé à « confirmer les frères » dans cet incommensurable trésor de la foi que Dieu donne comme lumière sur la route de chaque homme.

Dans la foi, vertu surnaturelle donnée par Dieu, nous reconnaissons qu'un grand Amour nous a été offert, qu'une bonne Parole nous a été adressée et que, en accueillant cette Parole, qui est Jésus Christ, Parole incarnée, l'Esprit Saint nous transforme, éclaire le chemin de l'avenir et fait grandir en nous les ailes de l'espérance pour le parcourir avec joie. Dans un admirable entrecroisement, la foi, l'espérance et la charité constituent le dynamisme de l'existence chrétienne vers la pleine

---

1. Voir par exemple CONC. ŒCUM. VAT. II, Const. dogm. sur la foi catholique *Dei Filius*, chap. III : *DS* 3008-3020 ; CONC. ŒCUM. VAT. II, Const. dogm. sur la Révélation divine *Dei Verbum*, n. 5 ; *Catéchisme de l'Église catholique*, n. 153-165.

communion avec Dieu. Comment est-elle, cette route que la foi entrouvre devant nous ? D’où vient sa puissante lumière qui permet d’éclairer le chemin d’une vie réussie et féconde, pleine de fruits ?

PREMIER CHAPITRE

NOUS AVONS CRU EN L'AMOUR

(cf. 1 *Jn* 4, 16)

Abraham, notre père dans la foi

8. La foi nous ouvre le chemin et accompagne nos pas dans l'histoire. C'est pourquoi, si nous voulons comprendre ce qu'est la foi, nous devons raconter son parcours, la route des hommes croyants, dont témoigne en premier lieu l'Ancien Testament. Une place particulière revient à Abraham, notre père dans la foi. Dans sa vie se produit un fait bouleversant : Dieu lui adresse la Parole, il se révèle comme un Dieu qui parle et qui l'appelle par son nom. La foi est liée à l'écoute. Abraham ne voit pas Dieu, mais il entend sa voix. De cette façon la foi prend un caractère personnel. Dieu se trouve être ainsi non le Dieu d'un lieu, et pas même le Dieu lié à un temps sacré spécifique, mais le Dieu d'une personne, précisément le Dieu d'Abraham, d'Isaac et de Jacob, capable d'entrer en contact avec l'homme et d'établir une alliance avec lui. La foi est la réponse à une Parole qui interpelle personnellement, à un Toi qui nous appelle par notre nom.

9. Cette Parole dite à Abraham est un appel et une promesse. Elle est avant tout appel à sortir de sa propre terre, invitation à s'ouvrir à une vie nouvelle, commencement d'un exode qui le conduit vers un avenir insoupçonné. La vision que la foi donnera à Abraham sera toujours jointe à ce pas en avant à accomplir. La foi « voit » dans la mesure où Abraham marche, où il entre dans l'espace ouvert par la Parole de Dieu. Cette parole contient en outre une promesse : ta descendance sera nombreuse, tu seras le père d'un grand peuple (cf. *Gn* 13, 16 ; 15, 5 ; 22, 17). Il est vrai qu'en tant que réponse à une Parole qui précède, la foi d'Abraham sera toujours un acte de mémoire. Toutefois cette mémoire ne fixe pas dans le passé mais, étant mémoire d'une promesse, elle devient capable d'ouvrir vers l'avenir, d'éclairer les pas au long de la route. On voit ainsi comment la foi, en tant que mémoire de l'avenir, *memoria futuri*, est étroitement liée à l'espérance.

10. Il est demandé à Abraham de faire confiance à cette Parole. La foi comprend que la Parole – une réalité apparemment éphémère et passagère quand elle est prononcée par le Dieu fidèle – devient ce qui peut exister de plus sûr et de plus inébranlable, ce qui rend possible la continuité de notre chemin dans le temps. La foi accueille cette Parole comme un roc sûr, des fondations solides sur lesquelles on peut édifier. C'est pourquoi dans la Bible la foi est désignée par la parole hébraïque *'emûnah*, dérivée du verbe *'amàn*, qui dans sa racine signifie « soutenir ». Le

terme *'emûnah* peut signifier soit la fidélité de Dieu, soit la foi de l'homme. L'homme fidèle reçoit la force de se confier entre les mains du Dieu fidèle. En jouant sur les deux significations du mot – que nous trouvons aussi dans les termes correspondants en grec *(pistós)* et latin *(fidelis)* –, saint Cyrille de Jérusalem exaltera la dignité du chrétien, qui reçoit le nom même de Dieu : les deux sont appelés « fidèles [1] ». Saint Augustin l'expliquera ainsi : « L'homme est fidèle quand il croit aux promesses que Dieu lui fait ; Dieu est fidèle quand il donne à l'homme ce qu'il lui a promis [2] ».

11. Un dernier aspect de l'histoire d'Abraham est important pour comprendre sa foi. La Parole de Dieu, même si elle apporte avec elle nouveauté et surprise, ne se trouve en rien étrangère à l'expérience du Patriarche. Dans la voix qui s'adresse à lui, Abraham reconnaît un appel profond, inscrit depuis toujours au cœur de son être. Dieu associe sa promesse à ce « lieu » où l'existence de l'homme se montre depuis toujours prometteuse : la paternité, la génération d'une vie nouvelle – « Ta femme Sara te donnera un fils, tu l'appelleras Isaac » (*Gn* 17, 19). Ce Dieu qui demande à Abraham de lui faire totalement confiance se révèle comme la source dont provient toute vie. De cette façon, la foi se rattache à la Paternité de Dieu de laquelle jaillit la création : le Dieu qui

---

1. Voir *Catechesis* V, 1 : *PG* 33, 505 A.
2. *In Psal.* 32, II, s. I, 9 : *PL* 36, 284.

appelle Abraham est le Dieu créateur, celui qui « appelle le néant à l'existence » (*Rm* 4, 17), celui qui « nous a élus en lui, dès avant la fondation du monde [...], déterminant d'avance que nous serions pour Lui des fils adoptifs » (*Ep* 1, 4-5). Pour Abraham la foi en Dieu éclaire les racines les plus profondes de son être, lui permet de reconnaître la source de bonté qui est à l'origine de toutes choses, et de confirmer que sa vie ne procède pas du néant ou du hasard, mais d'un appel et d'un amour personnels. Le Dieu mystérieux qui l'a appelé n'est pas un Dieu étranger, mais celui qui est l'origine de tout, et qui soutient tout. La grande épreuve de la foi d'Abraham, le sacrifice de son fils Isaac, montrera jusqu'à quel point cet amour originaire est capable de garantir la vie même au-delà de la mort. La Parole qui a été capable de susciter un fils dans son corps « comme mort » et « dans le sein mort » de la stérile Sara (cf. *Rm* 4, 19) sera aussi capable de garantir la promesse d'un avenir au-delà de toute menace ou danger (cf. *He* 11, 19 ; *Rm* 4, 21).

La foi d'Israël

12. L'histoire du peuple d'Israël, dans le livre de l'Exode, se poursuit dans le sillage de la foi d'Abraham. La foi naît de nouveau d'un don originaire : Israël s'ouvre à l'action de Dieu qui veut le libérer de sa misère. La foi est appelée à un long cheminement pour pouvoir adorer le Seigneur sur le Sinaï et hériter d'une terre promise.

L'amour divin possède les traits du père qui soutient son fils au long du chemin (cf. *Dt* 1, 31). La confession de foi d'Israël se développe comme un récit des bienfaits de Dieu, de son action pour libérer et guider le peuple (cf. *Dt* 26, 5-11), récit que le peuple transmet de génération en génération. La lumière de Dieu brille pour Israël à travers la mémoire des faits opérés par le Seigneur, rappelés et confessés dans le culte, transmis de père en fils. Nous apprenons ainsi que la lumière apportée par la foi est liée au récit concret de la vie, au souvenir reconnaissant des bienfaits de Dieu et à l'accomplissement progressif de ses promesses. L'architecture gothique l'a très bien exprimé : dans les grandes cathédrales la lumière arrive du ciel à travers les vitraux où est représentée l'histoire sacrée. La lumière de Dieu nous parvient à travers le récit de sa révélation, et ainsi elle est capable d'éclairer notre chemin dans le temps, rappelant les bienfaits divins, indiquant comment s'accomplissent ses promesses.

13. L'histoire d'Israël nous montre encore la tentation de l'incrédulité à laquelle le peuple a succombé plusieurs fois. L'idolâtrie apparaît ici comme l'opposé de la foi. Alors que Moïse parle avec Dieu sur le Sinaï, le peuple ne supporte pas le mystère du visage divin caché ; il ne supporte pas le temps de l'attente. Par sa nature, la foi demande de renoncer à la possession immédiate que la vision semble offrir, c'est une invitation à s'ouvrir à la source de la lumière, respectant le mystère propre d'un Visage, qui entend se révéler

de façon personnelle et en temps opportun. Martin Buber citait cette définition de l'idolâtrie proposée par le rabbin de Kock : il y a idolâtrie « quand un visage se tourne respectueusement vers un visage qui n'est pas un visage [1] ». Au lieu de la foi en Dieu on préfère adorer l'idole, dont on peut fixer le visage, dont l'origine est connue parce qu'elle est notre œuvre. Devant l'idole on ne court pas le risque d'un appel qui fasse sortir de ses propres sécurités, parce que les idoles « ont une bouche et ne parlent pas » (*Ps* 115, 5). Nous comprenons alors que l'idole est un prétexte pour se placer soi-même au centre de la réalité, dans l'adoration de l'œuvre de ses propres mains. Une fois perdue l'orientation fondamentale qui donne unité à son existence, l'homme se disperse dans la multiplicité de ses désirs. Se refusant à attendre le temps de la promesse, il se désintègre dans les mille instants de son histoire. Pour cela l'idolâtrie est toujours un polythéisme, un mouvement sans but qui va d'un seigneur à l'autre. L'idolâtrie n'offre pas un chemin, mais une multiplicité de sentiers, qui ne conduisent pas à un but certain et qui prennent plutôt l'aspect d'un labyrinthe. Celui qui ne veut pas faire confiance à Dieu doit écouter les voix des nombreuses idoles qui lui crient : « Fais-moi confiance ! » Dans la mesure où la foi est liée à la conversion, elle est l'opposé de l'idolâtrie ; elle est une rupture avec les idoles pour revenir au Dieu vivant, au moyen d'une rencontre person-

1. M. BUBER, *Die Erzählungen der Chassidim*, Zurich, 1949, p. 93.

nelle. Croire signifie s'en remettre à un amour miséricordieux qui accueille toujours et pardonne, soutient et oriente l'existence, et qui se montre puissant dans sa capacité de redresser les déformations de notre histoire. La foi consiste dans la disponibilité à se laisser transformer toujours de nouveau par l'appel de Dieu. Voilà le paradoxe : en se tournant continuellement vers le Seigneur, l'homme trouve une route stable qui le libère du mouvement de dispersion auquel les idoles le soumettent.

14. Dans la foi d'Israël apparaît aussi la figure de Moïse, le médiateur. Le peuple ne peut pas voir le visage de Dieu ; c'est Moïse qui parle avec YHWH sur la montagne et qui rapporte à tous la volonté du Seigneur. Avec cette présence du médiateur, Israël a appris à marcher en étant uni. L'acte de foi de chacun s'insère dans celui d'une communauté, dans le « nous » commun du peuple qui, dans la foi, est comme un seul homme, « mon fils premier-né » comme Dieu appellera Israël tout entier (cf. *Ex* 4, 22). La médiation ne devient pas ici un obstacle, mais une ouverture : dans la rencontre avec les autres, le regard s'ouvre à une vérité plus grande que nous-mêmes. J.-J. Rousseau se plaignait de ne pas pouvoir voir Dieu personnellement : « Que d'hommes entre Dieu et moi [1] ! » ; « Est-ce aussi simple et naturel que Dieu ait été chercher Moïse pour parler à Jean-

1. *Émile*, Paris, 1966, p. 387.

Jacques Rousseau[1] ? » À partir d'une conception individualiste et limitée de la connaissance, on ne peut comprendre le sens de la médiation – cette capacité à participer à la vision de l'autre, ce savoir partagé qui est le savoir propre de l'amour. La foi est un don gratuit de Dieu qui demande l'humilité et le courage d'avoir confiance et de faire confiance, afin de voir le chemin lumineux de la rencontre entre Dieu et les hommes, l'histoire du salut.

La plénitude de la foi chrétienne

15. « Abraham [...] exulta à la pensée qu'il verrait mon Jour. Il l'a vu et fut dans la joie » (*Jn* 8, 56). Selon ces paroles de Jésus, la foi d'Abraham était dirigée vers lui, elle était, en un sens, une vision anticipée de son mystère. Ainsi le comprend saint Augustin, quand il affirme que les Patriarches se sauveront par la foi, non la foi dans le Christ déjà venu, mais la foi dans le Christ qui allait venir, foi tendue vers l'événement futur de Jésus[2]. La foi chrétienne est centrée sur le Christ, elle est confession que Jésus est le Seigneur et que Dieu l'a ressuscité des morts (cf. *Rm* 10, 9). Toutes les lignes de l'Ancien Testament se rassemblent dans le Christ. Il devient le « oui » définitif à toutes les promes-

1. *Lettre à Monseigneur de Beaumont*, Lausanne, L'Âge d'Homme, p. 110.
2. Voir *In Ioh. Evang.*, 45, 9 : *PL* 35, 1722-1723.

ses, le fondement de notre « Amen » final à Dieu (cf. 2 *Co* 1, 20). L'histoire de Jésus est la pleine manifestation de la fiabilité de Dieu. Si Israël rappelait les grands actes d'amour de Dieu, qui formaient le centre de sa confession et ouvraient le regard de sa foi, désormais la vie de Jésus apparaît comme le lieu de l'intervention définitive de Dieu, la manifestation suprême de son amour pour nous. La parole que Dieu nous adresse en Jésus n'est pas une parole supplémentaire parmi tant d'autres, mais sa Parole éternelle (cf. *He* 1, 1-2). Il n'y a pas de garantie plus grande que Dieu puisse donner pour nous assurer de son amour, comme nous le rappelle saint Paul (cf. *Rm* 8, 31-39). La foi chrétienne est donc foi dans le plein Amour, dans son pouvoir efficace, dans sa capacité de transformer le monde et d'illuminer le temps. « Nous avons reconnu l'amour que Dieu a pour nous, et nous y avons cru » (1 *Jn* 4, 16). La foi saisit, dans l'amour de Dieu manifesté en Jésus, le fondement sur lequel s'appuient la réalité et sa destination ultime.

16. La preuve la plus grande de la fiabilité de l'amour du Christ se trouve dans sa mort pour l'homme. Si donner sa vie pour ses amis est la plus grande preuve d'amour (cf. *Jn* 15, 13), Jésus a offert la sienne pour tous, même pour ceux qui étaient des ennemis, pour transformer leur cœur. Voilà pourquoi, selon les évangélistes, le regard de foi culmine à l'heure de la Croix, heure en laquelle resplendissent la grandeur et l'ampleur de l'amour divin. Saint Jean place ici son témoignage

solennel quand, avec la Mère de Jésus, il contempla celui qu'ils ont transpercé (cf. *Jn* 19, 37). « Celui qui a vu rend témoignage – son témoignage est véritable, et celui-là sait qu'il dit vrai – pour que vous aussi vous croyiez » (*Jn* 19, 35). F. M. Dostoïevski, dans son œuvre *L'Idiot*, fait dire au protagoniste, le prince Mychkine, à la vue du tableau du Christ mort au sépulcre, œuvre de Hans Holbein le Jeune : « En regardant ce tableau un croyant peut perdre la foi [1]. » La peinture représente en effet, de façon très crue, les effets destructeurs de la mort sur le corps du Christ. Toutefois, c'est justement dans la contemplation de la mort de Jésus que la foi se renforce et reçoit une lumière éclatante, quand elle se révèle comme foi dans son amour inébranlable pour nous, amour qui est capable d'entrer dans la mort pour nous sauver. Il est possible de croire dans cet amour, qui ne s'est pas soustrait à la mort pour manifester combien il m'aime ; sa totalité l'emporte sur tout soupçon et nous permet de nous confier pleinement au Christ.

17. Maintenant, à la lumière de sa Résurrection, la mort du Christ dévoile la fiabilité totale de l'amour de Dieu. En tant que ressuscité, le Christ est témoin fiable, digne de foi (cf. *Ap* 1, 5 ; *He* 2, 17), appui solide pour notre foi. « Si le Christ n'est pas ressuscité, vaine est votre foi ! » affirme saint Paul (1 *Co* 15, 17). Si l'amour du Père n'avait pas fait ressusciter Jésus d'entre les

1. Partie II, IV.

morts, s'il n'avait pas pu redonner vie à son corps, alors il ne serait pas un amour pleinement fiable, capable d'illuminer également les ténèbres de la mort. Quand saint Paul parle de sa nouvelle vie dans le Christ, il se réfère à « la foi au Fils de Dieu qui m'a aimé et s'est livré pour moi » (*Ga* 2, 20). Cette « foi au Fils de Dieu » est certainement la foi de l'Apôtre des gentils en Jésus, mais elle suppose aussi la fiabilité de Jésus, qui se fonde, oui, dans son amour jusqu'à la mort, mais aussi dans son être Fils de Dieu. Justement parce que Jésus est le Fils, parce qu'il est absolument enraciné dans le Père, il a pu vaincre la mort et faire resplendir la plénitude de la vie. Notre culture a perdu la perception de cette présence concrète de Dieu, de son action dans le monde. Nous pensons que Dieu se trouve seulement au-delà, à un autre niveau de réalité, séparé de nos relations concrètes. Mais s'il en était ainsi, si Dieu était incapable d'agir dans le monde, son amour ne serait pas vraiment puissant, vraiment réel, et il ne serait donc pas même un véritable amour, capable d'accomplir le bonheur qu'il promet. Croire ou ne pas croire en lui serait alors tout à fait indifférent. Les chrétiens, au contraire, confessent l'amour concret et puissant de Dieu, qui agit vraiment dans l'histoire et en détermine le destin final, amour que l'on peut rencontrer, qui s'est pleinement révélé dans la Passion, Mort et Résurrection du Christ.

18. La plénitude où Jésus porte la foi a un autre aspect déterminant. Dans la foi, le Christ n'est pas

seulement celui en qui nous croyons – la manifestation la plus grande de l'amour de Dieu –, mais aussi celui auquel nous nous unissons pour pouvoir croire. La foi non seulement regarde vers Jésus, mais regarde du point de vue de Jésus, avec ses yeux : elle est une participation à sa façon de voir. Dans de nombreux domaines de la vie, nous faisons confiance à d'autres personnes qui ont de meilleures connaissances que nous. Nous avons confiance dans l'architecte qui construit notre maison, dans le pharmacien qui nous présente le médicament pour la guérison, dans l'avocat qui nous défend au tribunal. Nous avons également besoin de quelqu'un qui soit digne de confiance et expert dans les choses de Dieu. Jésus, son Fils, se présente comme celui qui nous explique Dieu (cf. *Jn* 1, 18). La vie du Christ, sa façon de connaître le Père, de vivre totalement en relation avec lui, ouvre un nouvel espace à l'expérience humaine et nous pouvons y entrer. Saint Jean a exprimé l'importance de la relation personnelle avec Jésus pour notre foi à travers divers usages du verbe *croire*. Avec le « croire que » ce que Jésus nous dit est vrai (cf. *Jn* 14, 10 ; 20, 31), Jean utilise aussi les locutions « croire à » Jésus et « croire en » Jésus. « Nous croyons à » Jésus, quand nous acceptons sa Parole, son témoignage, parce qu'il est véridique (cf. *Jn* 6, 30). « Nous croyons en » Jésus, quand nous l'accueillons personnellement dans notre vie et nous nous en remettons à lui, adhérant à lui dans l'amour et le suivant au long du chemin (cf. *Jn* 2, 11 ; 6, 47 ; 12, 44).

Pour nous permettre de le connaître, de l'accueillir et de le suivre, le Fils de Dieu a pris notre chair, et ainsi sa vision du Père a eu lieu aussi de façon humaine, à travers une marche et un parcours dans le temps. La foi chrétienne est foi en l'Incarnation du Verbe et en sa Résurrection dans la chair, foi en un Dieu qui s'est fait si proche qu'il est entré dans notre histoire. La foi dans le Fils de Dieu fait homme en Jésus de Nazareth ne nous sépare pas de la réalité, mais nous permet d'accueillir son sens le plus profond, de découvrir combien Dieu aime ce monde et l'oriente sans cesse vers lui ; et cela amène le chrétien à s'engager, à vivre de manière encore plus intense sa marche sur la terre.

Le salut par la foi

19. À partir de cette participation à la façon de voir de Jésus, l'apôtre Paul nous a laissés dans ses écrits une description de l'existence croyante. Celui qui croit, en acceptant le don de la foi, est transformé en une créature nouvelle. Il reçoit un nouvel être, un être filial ; il devient fils dans le Fils. « Abba, Père » est la parole la plus caractéristique de l'expérience de Jésus, qui devient centre de l'expérience chrétienne (cf. *Rm* 8, 15). La vie dans la foi, en tant qu'existence filiale, est une reconnaissance du don originaire et radical qui est à la base de l'existence de l'homme, et peut se résumer dans la phrase de saint Paul aux Corinthiens : « Qu'as-tu que tu n'aies reçu ? »

(1 *Co* 4, 7). C'est justement ici que se place le cœur de la polémique de saint Paul avec les pharisiens, la discussion sur le salut par la foi ou par les œuvres de la loi. Ce que saint Paul refuse, c'est l'attitude de celui qui veut se justifier lui-même devant Dieu par l'intermédiaire de son propre agir. Une telle personne, même quand elle obéit aux commandements, même quand elle fait de bonnes œuvres, se met elle-même au centre, et elle ne reconnaît pas que l'origine de la bonté est Dieu. Celui qui agit ainsi, qui veut être source de sa propre justice, la voit vite se tarir et découvre qu'il ne peut même pas se maintenir dans la fidélité à la loi. Il s'enferme, s'isolant ainsi du Seigneur et des autres, et en conséquence sa vie est rendue vaine, ses œuvres stériles comme un arbre loin de l'eau. Saint Augustin s'exprime ainsi dans son langage concis et efficace : *« Ab eo qui fecit te noli deficere nec ad te »*, « de celui qui t'a fait, ne t'éloigne pas, même pour aller vers toi [1] ». Quand l'homme pense qu'en s'éloignant de Dieu il se trouvera lui-même, son existence échoue (cf. *Lc* 15, 11-24). Le commencement du salut est l'ouverture à quelque chose qui précède, à un don originaire qui affirme la vie et conserve dans l'existence. C'est seulement dans notre ouverture à cette origine et dans le fait de la reconnaître qu'il est possible d'être transformés, en laissant le salut opérer en nous et rendre féconde notre vie, pleine de bons fruits. Le salut par la foi consiste dans la reconnaissance du pri-

1. *De continentia*, 4, 11 : *PL* 40, 356.

mat du don de Dieu, comme le résume saint Paul : « Car c'est bien par la grâce que vous êtes sauvés, moyennant la foi. Ce salut ne vient pas de vous, il est un don de Dieu » (*Ep* 2, 8).

20. La nouvelle logique de la foi est centrée sur le Christ. La foi dans le Christ nous sauve parce que c'est en lui que la vie s'ouvre radicalement à un Amour qui nous précède et nous transforme de l'intérieur, qui agit en nous et avec nous. Cela apparaît avec clarté dans l'exégèse que l'Apôtre des gentils fait d'un texte du Deutéronome, exégèse qui s'insère dans la dynamique la plus profonde de l'Ancien Testament. Moïse dit au peuple que le commandement de Dieu n'est pas trop haut ni trop loin de l'homme. On ne doit pas dire : « Qui montera au ciel pour nous le chercher ? » ou « Qui ira pour nous au-delà des mers nous le chercher ? » (cf. *Dt* 30, 11-14). Cette proximité de la parole de Dieu est interprétée par Paul comme renvoyant à la présence du Christ dans le chrétien. « Ne dis pas dans ton cœur : Qui montera au ciel ? Entends : pour en faire descendre le Christ ; ou bien : Qui descendra dans l'abîme ? Entends : pour faire remonter le Christ de chez les morts » (*Rm* 10, 6-7). Le Christ est descendu sur la terre et il est ressuscité des morts ; par son Incarnation et sa Résurrection, le Fils de Dieu a embrassé toute la marche de l'homme et demeure dans nos cœurs par l'Esprit Saint. La foi sait que Dieu s'est fait tout proche de nous, que le Christ est un grand don qui nous a été fait, don qui nous transforme intérieurement, nous habite, et ainsi nous donne

la lumière qui éclaire l'origine et la fin de la vie, tout l'espace de la marche de l'homme.

21. Nous pouvons ainsi comprendre la nouveauté à laquelle la foi nous conduit. Le croyant est transformé par l'Amour, auquel il s'est ouvert dans la foi, et dans son ouverture à cet Amour qui lui est offert, son existence se dilate au-delà de lui-même. Saint Paul peut affirmer : « Ce n'est plus moi qui vis, mais le Christ qui vit en moi » (*Ga* 2, 20), et exhorter : « Que le Christ habite en vos cœurs par la foi ! » (*Ep* 3, 17). Dans la foi, le « moi » du croyant grandit pour être habité par un Autre, pour vivre dans un Autre, et ainsi sa vie s'élargit dans l'Amour. Là se situe l'action propre de l'Esprit Saint. Le chrétien peut avoir les yeux de Jésus, ses sentiments, sa disposition filiale, parce qu'il est rendu participant à son Amour, qui est l'Esprit. C'est dans cet Amour que se reçoit en quelque sorte la vision propre de Jésus. Hors de cette conformation dans l'Amour, hors de la présence de l'Esprit qui le répand dans nos cœurs (cf. *Rm* 5, 5), il est impossible de confesser Jésus comme Seigneur (cf. 1 *Co* 12, 3).

La forme ecclésiale de la foi

22. De cette manière, l'existence croyante devient existence ecclésiale. Quand saint Paul parle aux chrétiens de Rome de ce corps unique que sont tous les croyants dans le Christ, il les exhorte à ne pas se vanter ; chacun doit au

contraire s'estimer « selon le degré de foi que Dieu lui a départi » (*Rm* 12, 3). Le croyant apprend à se voir lui-même à partir de la foi qu'il professe. La figure du Christ est le miroir où se découvre sa propre image réalisée. Et comme le Christ embrasse en lui tous les croyants, qui forment son corps, le chrétien se comprend lui-même dans ce corps, en relation originaire au Christ et aux frères dans la foi. L'image du corps ne veut pas réduire le croyant à une simple partie d'un tout anonyme, à un simple élément d'un grand rouage, mais veut souligner plutôt l'union vitale du Christ aux croyants et de tous les croyants entre eux (cf. *Rm* 12, 4-5). Les chrétiens sont « un » (cf. *Ga* 3, 28), sans perdre leur individualité, et, dans le service des autres, chacun rejoint le plus profond de son être. On comprend alors pourquoi hors de ce corps, de cette unité de l'Église dans le Christ, de cette Église qui – selon les paroles de Guardini – « est la porteuse historique du regard plénier du Christ sur le monde [1] », la foi perd sa « mesure », ne trouve plus son équilibre, l'espace nécessaire pour se tenir debout. La foi a une forme nécessairement ecclésiale, elle se confesse de l'intérieur du corps du Christ, comme communion concrète des croyants. C'est de ce lieu ecclésial qu'elle ouvre chaque chrétien vers tous les hommes. La parole du Christ, une fois écoutée, et par son dynamisme même, se transforme dans le chrétien en

1. *Vom Wesen katholischer Weltanschauung* (1923), dans *Unterscheidung des Christlichen. Gesammelte Studien 1923-1963*, Mayence, 1963, p. 24.

réponse, et devient elle-même parole prononcée, confession de foi. Saint Paul affirme qu'avec le cœur on croit, et qu'avec la bouche on fait profession de foi (cf. *Rm* 10, 10). La foi n'est pas un fait privé, une conception individualiste, une opinion subjective, mais elle naît d'une écoute et elle est destinée à être prononcée et à devenir annonce. En effet, « comment croire sans d'abord l'entendre ? et comment entendre sans quelqu'un qui proclame ? » (*Rm* 10, 14). La foi se fait alors opérante dans le chrétien à partir du don reçu, de l'Amour qui attire de l'intérieur vers le Christ (cf. *Ga* 5, 6), et nous rend participants de la marche de l'Église, pèlerine dans l'histoire vers son accomplissement. Pour celui qui, en ce monde, a été transformé, s'ouvre une nouvelle façon de voir, la foi devient lumière pour ses yeux.

DEUXIÈME CHAPITRE

SI VOUS NE CROYEZ PAS, VOUS NE COMPRENDREZ PAS

(cf. *Is* 7, 9)

Foi et vérité

23. Si vous ne croyez pas, vous ne comprendrez pas (cf. *Is* 7, 9). La version grecque de la Bible hébraïque, la traduction des Septante faite à Alexandrie d'Égypte, traduisait ainsi les paroles du prophète Isaïe au roi Achaz. La question de la connaissance de la vérité était mise de cette manière au cœur de la foi. Toutefois, dans le texte hébraïque, nous lisons autre chose. Là, le prophète dit au roi : « Si vous ne croyez pas, vous ne pourrez pas tenir. » Il y a ici un jeu de paroles fait avec deux formes du verbe *'amàn* : « vous croyez » *(ta'aminu)*, et « vous pourrez tenir » *(ta'amenu)*. Effrayé par la puissance de ses ennemis, le roi cherche la sécurité que peut lui donner une alliance avec le grand empire d'Assyrie. Le prophète, alors, l'invite à s'appuyer seulement sur le vrai rocher qui ne vacille pas, le Dieu d'Israël. Puisque Dieu est fiable, il est raisonnable d'avoir foi en lui, de construire sa propre sécurité sur sa Parole. C'est lui le Dieu qu'Isaïe appellera plus loin, par deux fois, « le Dieu de l'Amen »

(Cf. *Is* 65, 16), fondement inébranlable de fidélité à l'alliance. On pourrait penser que la version grecque de la Bible, en traduisant « tenir ferme » par « comprendre », a opéré un changement profond du texte, en passant de la notion biblique de confiance en Dieu à la notion grecque de compréhension. Pourtant, cette traduction, qui acceptait certainement le dialogue avec la culture hellénique, ne méconnaissait pas la dynamique profonde du texte hébraïque. La fermeté promise par Isaïe au roi passe, en effet, par la compréhension de l'agir de Dieu et de l'unité qu'il donne à la vie de l'homme et à l'histoire du peuple. Le prophète exhorte à comprendre les voies du Seigneur, en trouvant dans la fidélité de Dieu le dessein de sagesse qui gouverne les siècles. Saint Augustin a exprimé la synthèse du « fait de comprendre » et du « fait d'être ferme » dans ses *Confessions*, quand il parle de la vérité, à laquelle on peut se fier afin de pouvoir rester debout : « [...] en vous, [Seigneur], dans votre vérité [...], je serai ferme et stable [1] ». À partir du contexte, nous savons que saint Augustin veut indiquer comment cette vérité fiable de Dieu est sa présence fidèle dans l'histoire, sa capacité de tenir ensemble les temps, en réunissant la dispersion des jours de l'homme, comme cela émerge dans la Bible [2].

24. Lu sous cet angle, le texte d'Isaïe porte à une conclusion : l'homme a besoin de connais-

---

1. XI, 30, 40 : *PL* 32, 825.
2. Voir *ibid.*, 825-826.

sance, il a besoin de vérité, car sans elle il ne se maintient pas, il n'avance pas. La foi, sans la vérité, ne sauve pas, ne rend pas sûrs nos pas. Elle reste un beau conte, la projection de nos désirs de bonheur, quelque chose qui nous satisfait seulement dans la mesure où nous voulons nous leurrer. Ou bien elle se réduit à un beau sentiment, qui console et réchauffe, mais qui reste lié à nos états d'âme, à la variabilité des temps, incapable de soutenir une marche constante dans notre vie. Si la foi était ainsi, le roi Achaz aurait eu raison de ne pas miser la vie et la sécurité de son royaume sur une émotion. Par son lien intrinsèque avec la vérité, la foi est capable d'offrir une lumière nouvelle, supérieure aux calculs du roi, parce qu'elle voit plus loin, parce qu'elle comprend l'agir de Dieu, fidèle à son alliance et à ses promesses.

25. Justement à cause de la crise de la vérité dans laquelle nous vivons, il est aujourd'hui plus que jamais nécessaire de rappeler la connexion de la foi avec la vérité. Dans la culture contemporaine, on tend souvent à accepter comme vérité seulement la vérité de la technologie : est vrai ce que l'homme réussit à construire et à mesurer grâce à sa science, vrai parce que cela fonctionne, rendant ainsi la vie plus confortable et plus aisée. Cette vérité semble aujourd'hui l'unique vérité certaine, l'unique qui puisse être partagée avec les autres, l'unique sur laquelle on peut discuter et dans laquelle on peut s'engager ensemble. D'autre part, il y aurait ensuite les vérités de chacun, qui consistent dans le fait d'être authentique face à

ce que chacun ressent dans son intériorité, vérités valables seulement pour l'individu et qui ne peuvent pas être proposées aux autres avec la prétention de servir le bien commun. La grande vérité, la vérité qui explique l'ensemble de la vie personnelle et sociale, est regardée avec suspicion. N'a-t-elle pas été peut-être – on se le demande – la vérité voulue par les grands totalitarismes du siècle dernier, une vérité qui imposait sa conception globale pour écraser l'histoire concrète de chacun ? Il reste alors seulement un relativisme dans lequel la question sur la vérité de la totalité, qui au fond est aussi une question sur Dieu, n'intéresse plus. Il est logique, dans cette perspective, que l'on veuille éliminer la connexion de la religion avec la vérité, car ce lien serait la racine du fanatisme, qui cherche à écraser celui qui ne partage pas la même croyance. Nous pouvons parler, à ce sujet, d'un grand oubli dans notre monde contemporain. La question sur la vérité est, en effet, une question de mémoire, de mémoire profonde, car elle s'adresse à ce qui nous précède et, de cette manière, elle peut réussir à nous unir au-delà de notre « moi » petit et limité. C'est une question sur l'origine du tout, à la lumière de laquelle on peut voir la destination et ainsi aussi le sens de la route commune.

Connaissance de la vérité et amour

26. Dans cette situation, la foi chrétienne peut-elle offrir un service au bien commun sur la

manière juste de comprendre la vérité ? Pour y répondre, il est nécessaire de réfléchir sur le type de connaissance propre à la foi. Une expression de saint Paul peut y aider, quand il affirme : « croire dans le cœur » (cf. *Rm* 10, 10). Le cœur, dans la Bible, est le centre de l'homme, le lieu où s'entrecroisent toutes ses dimensions : le corps et l'esprit ; l'intériorité de la personne et son ouverture au monde et aux autres ; l'intellect, le vouloir, l'affectivité. Eh bien, si le cœur est capable d'unir ces dimensions, c'est parce qu'il est le lieu où nous nous ouvrons à la vérité et à l'amour, et où nous nous laissons toucher et transformer profondément par eux. La foi transforme la personne tout entière, dans la mesure où elle s'ouvre à l'amour. C'est dans cet entrecroisement de la foi avec l'amour que l'on comprend la forme de connaissance propre à la foi, sa force de conviction, sa capacité d'éclairer nos pas. La foi connaît dans la mesure où elle est liée à l'amour, dans la mesure où l'amour même porte une lumière. La compréhension de la foi est celle qui naît lorsque nous recevons le grand amour de Dieu qui nous transforme intérieurement et nous donne des yeux nouveaux pour voir la réalité.

27. La manière dont le philosophe Ludwig Wittgenstein a expliqué la connexion entre la foi et la certitude est bien connue. Croire serait semblable, selon lui, à l'expérience de tomber amoureux, une expérience comprise comme subjective, qui ne peut pas être proposée comme une vérité

valable pour tous [1]. Pour l'homme moderne, en effet, la question de l'amour semble n'avoir rien à voir avec le vrai. L'amour se comprend aujourd'hui comme une expérience liée au monde des sentiments inconstants, et non plus à la vérité.

Est-ce là vraiment une description adéquate de l'amour ? En réalité, l'amour ne peut se réduire à un sentiment qui va et vient. Il touche, certes, notre affectivité, mais pour l'ouvrir à la personne aimée et pour commencer ainsi une marche qui est un abandon de la fermeture en son propre « moi » pour aller vers l'autre personne, afin de construire un rapport durable ; l'amour vise l'union avec la personne aimée. Se manifeste alors dans quel sens l'amour a besoin de la vérité. C'est seulement dans la mesure où l'amour est fondé sur la vérité qu'il peut perdurer dans le temps, dépasser l'instant éphémère et rester ferme pour soutenir une marche commune. Si l'amour n'a pas de rapport avec la vérité, il est soumis à l'instabilité des sentiments et il ne surmonte pas l'épreuve du temps. L'amour vrai, au contraire, unifie tous les éléments de notre personne et devient une lumière nouvelle vers une vie grande et pleine. Sans vérité l'amour ne peut pas offrir de lien solide, il ne réussit pas à porter le « moi » au-delà de son isolement, ni à le libérer de l'instant éphémère pour édifier la vie et porter du fruit.

Si l'amour a besoin de la vérité, la vérité, elle aussi, a besoin de l'amour. Amour et vérité ne

1. *Vermischte Bemerkungen / Culture and Value*, G. H. VON WRIGHT (dir.), Oxford, 1991, p. 32-33 et p. 61-64.

peuvent pas se séparer. Sans amour, la vérité se refroidit, devient impersonnelle et opprime la vie concrète de la personne. La vérité que nous cherchons, celle qui donne sens à nos pas, nous illumine quand nous sommes touchés par l'amour. Celui qui aime comprend que l'amour est une expérience de vérité, qu'il ouvre lui-même nos yeux pour voir toute la réalité de manière nouvelle, en union avec la personne aimée. En ce sens, saint Grégoire le Grand a écrit que *« amor ipse notitia est »*, l'amour même est une connaissance, il porte en soi une logique nouvelle [1]. Il s'agit d'une manière relationnelle de regarder le monde, qui devient connaissance partagée, vision dans la vision de l'autre et vision commune sur toutes les choses. Guillaume de Saint Thierry, au Moyen Âge, suit cette tradition quand il commente un verset du Cantique des cantiques où le bien-aimé dit à la bien-aimée : « Tes yeux sont des yeux de colombes » (cf. *Ct* 1, 15 [2]). Ces yeux de la bien-aimée, explique Guillaume, sont la raison croyante et l'amour, qui deviennent un seul œil pour parvenir à la contemplation de Dieu, quand l'intellect se fait « intellect d'un amour illuminé [3] ».

28. Cette découverte de l'amour comme source de connaissance, qui appartient à l'expérience originelle de tout homme, trouve une

1. *Homiliae in Evangelia*, II, 27, 4 : *PL* 76, 1207.
2. Voir *Expositio super Cantica Canticorum*, XVIII, 88 : *CCL, Continuatio Medieavalis* 87, 67.
3. *Ibid.*, XIX, 90 : *CCL, Continuatio Mediaevalis* 87, 69.

expression importante dans la conception biblique de la foi.

En expérimentant l'amour avec lequel Dieu l'a choisi et l'a engendré comme peuple, Israël arrive à comprendre l'unité du dessein divin, des origines à l'accomplissement. Du fait qu'elle naît de l'amour de Dieu qui conclut l'Alliance, la connaissance de la foi est une connaissance qui éclaire le chemin dans l'histoire. C'est en outre pour cela que, dans la Bible, vérité et fidélité vont de pair, et le vrai Dieu est le Dieu fidèle, celui qui maintient ses promesses et permet, dans le temps, de comprendre son dessein. À travers l'expérience des prophètes, dans la douleur de l'exil et dans l'espérance d'un retour définitif dans la cité sainte, Israël a eu l'intuition que cette vérité de Dieu s'étendait au-delà de son histoire, pour embrasser toute l'histoire du monde, depuis la création. La connaissance de la foi éclaire non seulement le parcours particulier d'un peuple, mais tout le cours du monde créé, de ses origines à sa consommation.

La foi comme écoute et vision

29. Parce que la connaissance de la foi est justement liée à l'alliance d'un Dieu fidèle, qui noue une relation d'amour avec l'homme et lui adresse la Parole, elle est présentée dans la Bible comme une écoute, et elle est associée à l'ouïe. Saint Paul utilisera une formule devenue classique : *fides ex auditu*, « la foi naît de ce qu'on entend » (cf. *Rm* 10, 17). Associée à la parole, la connaissance

est toujours une connaissance personnelle, une connaissance qui reconnaît la voix, s'ouvre à elle en toute liberté et la suit dans l'obéissance. C'est pourquoi saint Paul a parlé de « l'obéissance de la foi » (cf. *Rm* 1, 5 ; 16, 26 [1]). La foi est, en outre, une connaissance liée à l'écoulement du temps, dont la parole a besoin pour se dire : c'est une connaissance qui s'apprend seulement en allant à la suite du Maître *(sequela)*. L'écoute aide à bien représenter le lien entre la connaissance et l'amour.

Au sujet de la connaissance de la vérité, l'écoute a été parfois opposée à la vision, qui serait propre à la culture grecque. Si, d'une part, la lumière offre la contemplation de la totalité à laquelle l'homme a toujours aspiré, elle ne semble pas laisser, d'autre part, de la place à la liberté, car elle descend du ciel et arrive directement à l'œil, sans lui demander de répondre. En outre, elle semblerait inviter à une contemplation statique, séparée du temps concret dans lequel l'homme jouit et souffre.

1. « À Dieu qui révèle est due "l'obéissance de la foi" (*Rm* 16, 26 ; cf. *Rm* 1, 5 ; *2 Co* 10, 5-6), par laquelle l'homme s'en remet tout entier et librement à Dieu dans "un complet hommage d'intelligence et de volonté à Dieu qui révèle" et dans un assentiment volontaire à la révélation qu'il fait. Pour exister, cette foi requiert la grâce prévenante et aidante de Dieu, ainsi que les secours intérieurs du Saint-Esprit qui touche le cœur et le tourne vers Dieu, ouvre les yeux de l'esprit et donne "à tous la douceur de consentir et de croire à la vérité". Afin de rendre toujours plus profonde l'intelligence de la libération, l'Esprit Saint ne cesse, par ses dons, de rendre la foi plus parfaite » (CONC. ŒCUM. VAT. II, Const. dogm. sur la Révélation divine *Dei Verbum*, n. 5).

Selon cette conception, l'approche biblique de la connaissance s'opposerait à l'approche grecque, qui, dans sa quête d'une compréhension complète du réel, a lié la connaissance à la vision.

Il est clair, au contraire, que cette prétendue opposition ne correspond pas aux données bibliques. L'Ancien Testament a concilié les deux types de connaissance, parce qu'à l'écoute de la Parole de Dieu s'unit le désir de voir son visage. De cette manière, il a été possible de développer un dialogue avec la culture hellénique, dialogue qui est au cœur de l'Écriture. L'ouïe atteste l'appel personnel et l'obéissance, et aussi le fait que la vérité se révèle dans le temps ; la vue offre la pleine vision de tout le parcours et permet de se situer dans le grand projet de Dieu ; sans cette vision nous disposerions seulement de fragments isolés d'un tout inconnu.

30. La connexion entre la vision et l'écoute, comme organes de connaissance de la foi, apparaît avec la plus grande clarté dans l'Évangile de Jean. Selon le quatrième Évangile, croire c'est écouter et, en même temps, voir. L'écoute de la foi advient selon la forme de connaissance qui caractérise l'amour : c'est une écoute personnelle, qui distingue la voix et reconnaît celle du Bon Pasteur (cf. *Jn* 10, 3-5) ; une écoute qui requiert la *sequela*, comme cela se passe avec les premiers disciples, qui « entendirent ses paroles et suivirent Jésus » (*Jn* 1, 37). D'autre part, la foi est liée aussi à la vision. Parfois, la vision des signes de Jésus précède la foi, comme avec les juifs qui, après la

résurrection de Lazare, « avaient vu ce qu'il avait fait, crurent en lui » (*Jn* 11, 45). D'autres fois, c'est la foi qui conduit à une vision plus profonde : « si tu crois, tu verras la gloire de Dieu » (*Jn* 11, 40). Enfin, croire et voir s'entrecroisent : « Qui croit en moi [...] croit en celui qui m'a envoyé ; et qui me voit, voit celui qui m'a envoyé » (*Jn* 12, 44-45). Grâce à cette union avec l'écoute, la vision devient un engagement à la suite du Christ, et la foi apparaît comme une marche du regard, dans lequel les yeux s'habituent à voir en profondeur. Et ainsi, le matin de Pâques, on passe de Jean qui, étant encore dans l'obscurité devant le tombeau vide, « vit et crut » (*Jn* 20, 8), à Marie de Magdala qui, désormais, voit Jésus (cf. *Jn* 20, 14) et veut le retenir, mais est invitée à le contempler dans sa marche vers le Père ; jusqu'à la pleine confession de la même Marie de Magdala devant les disciples : « j'ai vu le Seigneur ! » (cf. *Jn* 20, 18.)

Comment arrive-t-on à cette synthèse entre l'écoute et la vision ? Cela devient possible à partir de la personne concrète de Jésus, que l'on voit et que l'on écoute. Il est la Parole faite chair, dont nous avons contemplé la gloire (cf. *Jn* 1, 14). La lumière de la foi est celle d'un Visage sur lequel on voit le Père. En effet, la vérité qu'accueille la foi est, dans le quatrième Évangile, la manifestation du Père dans le Fils, dans sa chair et dans ses œuvres terrestres, vérité qu'on peut définir comme la « vie lumineuse » de Jésus [1]. Cela signifie que

1. Voir H. SCHLIER, *Meditationen über den Johanneischen Begriff der Wahrheit*, dans : *Besinnung auf das Neue*

la connaissance de la foi ne nous invite pas à regarder une vérité purement intérieure. La vérité à laquelle la foi nous ouvre est une vérité centrée sur la rencontre avec le Christ, sur la contemplation de sa vie, sur la perception de sa présence. En ce sens, saint Thomas d'Aquin parle de l'*oculata fides* des Apôtres – une foi qui voit ! – face à la vision corporelle du Ressuscité [1]. Ils ont vu Jésus ressuscité avec leurs yeux et ils ont cru, c'est-à-dire qu'ils ont pu pénétrer dans la profondeur de ce qu'ils voyaient pour confesser le Fils de Dieu assis à la droite du Père.

31. C'est seulement ainsi que, à travers l'Incarnation, à travers le partage de notre humanité, pouvait s'accomplir pleinement la connaissance propre de l'amour. La lumière de l'amour, en effet, naît quand nous sommes touchés dans notre cœur ; nous recevons ainsi en nous la présence intérieure du bien-aimé, qui nous permet de reconnaître son mystère. Nous comprenons alors pourquoi, avec l'écoute et la vision, la foi est, selon saint Jean, un toucher, comme il l'affirme dans sa première lettre : « [...] ce que nous avons entendu, ce que nous avons vu de nos yeux [...], ce que nos mains ont touché du Verbe de vie » (1 *Jn* 1, 1). Par son Incarnation, par sa venue parmi nous, Jésus nous a touchés, et, par les Sacrements aussi il nous touche aujourd'hui ; de cette manière, en transfor-

---

Testament. Exegetische Aufsätze und Vorträger 2, Fribourg-en-Brisgau - Bâle - Vienne, 1959, p. 272.

1. Voir la *Somme théologique*, III, q. 55, a. 2, ad 1.

mant notre cœur, il nous a permis et nous permet de le reconnaître et de le confesser comme le Fils de Dieu. Par la foi, nous pouvons le toucher, et recevoir la puissance de sa grâce. Saint Augustin, en commentant le passage sur l'hémorroïsse qui touche Jésus pour être guérie (cf. *Lc* 8, 45-46), affirme : « Toucher avec le cœur, c'est cela, croire [1]. » La foule se rassemble autour de Lui, mais elle ne l'atteint pas avec le toucher personnel de la foi, qui reconnaît son mystère, sa filiation qui manifeste le Père. C'est seulement quand nous sommes configurés au Christ que nous recevons des yeux adéquats pour le voir.

Le dialogue entre foi et raison

32. Dans la mesure où elle annonce la vérité de l'amour total de Dieu et ouvre à la puissance de cet amour, la foi chrétienne arrive au plus profond du cœur de l'expérience de chaque homme, qui vient à la lumière grâce à l'amour et est appelé à aimer pour demeurer dans la lumière. Mus par le désir d'illuminer toute réalité à partir de l'amour de Dieu manifesté en Jésus et cherchant à aimer avec le même amour, les premiers chrétiens trouvèrent dans le monde grec, dans sa faim de vérité, un partenaire idoine pour le dialogue. La rencontre du message évangélique avec la pensée philosophique du monde antique fut un passage détermi-

1. *Sermon* 229/L, 2 : *PLS* 2, 576 : *« Tangere autem corde, hoc est credere ».*

nant pour que l'Évangile arrive à tous les peuples. Elle favorisa une interaction féconde entre foi et raison, interaction qui s'est toujours développée au cours des siècles jusqu'à nos jours. Le bienheureux Jean-Paul II, dans sa Lettre encyclique *Fides et ratio*, a fait voir comment foi et raison se renforcent réciproquement [1]. Quand nous trouvons la pleine lumière de l'amour de Jésus, nous découvrons que, dans tous nos amours, était présent un rayon de cette lumière et nous comprenons quel était son objectif final. Et, en même temps, le fait que notre amour porte en soi une lumière nous aide à voir le chemin de l'amour vers la plénitude du don total du Fils de Dieu pour nous. Dans ce mouvement circulaire, la lumière de la foi éclaire toutes nos relations humaines, qui peuvent être vécues en union avec l'amour et la tendresse du Christ.

33. Dans la vie de saint Augustin, nous trouvons un exemple significatif de ce cheminement au cours duquel la recherche de la raison, avec son désir de vérité et de clarté, a été intégrée dans l'horizon de la foi, dont elle a reçu une nouvelle compréhension. D'une part, saint Augustin accueille la philosophie grecque de la lumière avec son insistance sur la vision. Sa rencontre avec le néoplatonisme lui a fait connaître le paradigme de la lumière, qui descend d'en haut pour éclairer les choses, et qui est ainsi un symbole de Dieu. De

1. Voir la Lettre encyclique *Fides et ratio* (14 septembre 1998), n. 73 : *AAS* (1999), p. 61-62.

cette façon saint Augustin a compris la transcendance divine et a découvert que toutes les choses ont en soi une transparence, et qu'elles pouvaient, pour ainsi dire, réfléchir la bonté de Dieu, le Bien. Il s'est ainsi libéré du manichéisme dans lequel il vivait auparavant et qui le disposait à penser que le mal et le bien s'opposent continuellement, en se confondant et en se mélangeant, sans avoir de contours précis. Comprendre que Dieu est lumière lui a donné une nouvelle orientation dans l'existence, la capacité de reconnaître le mal dont il était coupable et de s'orienter vers le bien.

D'autre part, cependant, dans l'expérience concrète de saint Augustin, que lui-même raconte dans ses *Confessions*, le moment déterminant de sa marche de foi n'a pas été celui d'une vision de Dieu, au-delà de ce monde, mais plutôt le moment de l'écoute, quand dans le jardin il entendit une voix qui lui disait : « Prends et lis » ; il prit le volume contenant les Lettres de saint Paul et s'arrêta sur le treizième chapitre de l'épître aux Romains [1]. Se révélait ainsi le Dieu personnel de la Bible, capable de parler à l'homme, de descendre pour vivre avec lui et d'accompagner sa marche dans l'histoire, en se manifestant dans le temps de l'écoute et de la réponse.

Et pourtant, cette rencontre avec le Dieu de la Parole n'a pas amené saint Augustin à refuser la lumière et la vision. Guidé toujours par la révélation de l'amour de Dieu en Jésus, il a intégré les deux perspectives. Et ainsi il a élaboré une philo-

1. Voir *Confessions*, VIII, 12, 29 : *PL* 32, 762.

sophie de la lumière qui accueille en soi la réciprocité propre de la parole et ouvre un espace de liberté du regard vers la lumière. De même qu'à la parole correspond une réponse libre, de même la lumière trouve comme réponse une image qui la réfléchit. Saint Augustin peut se référer alors, en associant écoute et vision, à la « parole qui resplendit à l'intérieur de l'homme [1] ». De cette manière, la lumière devient, pour ainsi dire, la lumière d'une parole, parce qu'elle est la lumière d'un Visage personnel, une lumière qui, en nous éclairant, nous appelle et veut se réfléchir sur notre visage pour resplendir de l'intérieur de nous-mêmes. D'ailleurs, le désir de la vision de la totalité, et non seulement des fragments de l'histoire, reste présent et s'accomplira à la fin, quand l'homme, comme le dit le saint d'Hippone, verra et aimera [2]. Et cela, non parce qu'il sera en mesure de posséder toute la lumière, qui sera toujours inépuisable, mais parce qu'il entrera, tout entier, dans la lumière.

34. La lumière de l'amour, propre à la foi, peut illuminer les questions de notre temps sur la vérité. La vérité aujourd'hui est souvent réduite à une authenticité subjective de chacun, valable seulement pour la vie individuelle. Une vérité commune nous fait peur, parce que nous l'identifions avec l'imposition intransigeante des totali-

1. *De Trinitate*, XV, 11, 20 : *PL* 42, 1071 : *« verbum quod intus lucet »*.

2. Voir *De civitate Dei*, XXII, 30, 5 : *PL* 41, 804.

tarismes. Mais si la vérité est la vérité de l'amour, si c'est la vérité qui s'entrouvre dans la rencontre personnelle avec l'Autre et avec les autres, elle reste alors libérée de la fermeture dans l'individu et peut faire partie du bien commun. Étant la vérité d'un amour, ce n'est pas une vérité qui s'impose avec violence, ce n'est pas une vérité qui écrase l'individu. Naissant de l'amour, elle peut arriver au cœur, au centre de chaque personne. Il résulte alors clairement que la foi n'est pas intransigeante, mais elle grandit dans une cohabitation qui respecte l'autre. Le croyant n'est pas arrogant ; au contraire, la vérité le rend humble, sachant que ce n'est pas lui qui la possède, mais elle qui l'embrasse et le possède. Loin de le raidir, la sécurité de la foi le met en route, et rend possible le témoignage et le dialogue avec tous.

D'autre part, la lumière de la foi, dans la mesure où elle est unie à la vérité de l'amour, n'est pas étrangère au monde matériel, car l'amour se vit toujours corps et âme ; la lumière de la foi est une lumière incarnée, qui procède de la vie lumineuse de Jésus. Elle éclaire aussi la matière, se fie à son ordre, reconnaît qu'en elle s'ouvre un chemin d'harmonie et de compréhension toujours plus large. Le regard de la science tire ainsi profit de la foi : cela invite le chercheur à rester ouvert à la réalité, dans toute sa richesse inépuisable. La foi réveille le sens critique dans la mesure où elle empêche la recherche de se complaire dans ses formules et l'aide à comprendre que la nature est toujours plus grande. En invitant à l'émerveillement devant le mystère du créé, la foi élargit les horizons de la raison pour mieux éclairer le monde qui s'ouvre à la recherche scientifique.

La foi et la recherche de Dieu

35. La lumière de la foi en Jésus éclaire aussi le chemin de tous ceux qui cherchent Dieu, et offre la contribution spécifique du christianisme dans le dialogue avec les adeptes des diverses religions. La *Lettre aux Hébreux* nous parle du témoignage des justes qui, avant l'Alliance avec Abraham, cherchaient déjà Dieu avec foi. D'Hénoch, on dit qu'« il lui est rendu témoignage qu'il avait plu à Dieu » (*He* 11, 5), chose impossible sans la foi, parce que « celui qui s'approche de Dieu doit croire qu'il existe et qu'il se fait le rémunérateur de ceux qui le cherchent » (*He* 11, 6). Nous pouvons ainsi comprendre que le chemin de l'homme religieux passe par la confession d'un Dieu qui prend soin de lui et qui n'est pas impossible à trouver. Quelle autre récompense Dieu pourrait-il offrir à ceux qui le cherchent, sinon de se laisser rencontrer ? Bien auparavant, nous trouvons la figure d'Abel, dont on loue aussi la foi à cause de laquelle Dieu a accepté ses dons, l'offrande des premiers-nés de son troupeau (cf. *He* 11, 4). L'homme religieux cherche à reconnaître les signes de Dieu dans les expériences quotidiennes de sa vie, dans le cycle des saisons, dans la fécondité de la terre et dans tout le mouvement du cosmos. Dieu est lumineux, et il peut être trouvé aussi par ceux qui le cherchent avec un cœur sincère.

L'image de cette recherche se trouve dans les Mages, guidés par l'étoile jusqu'à Bethléem (cf. *Mt* 2, 1-12). Pour eux, la lumière de Dieu s'est montrée comme chemin, comme étoile qui guide le long d'une route de découvertes. L'étoile évoque ainsi la patience de Dieu envers nos yeux, qui doivent s'habituer à sa splendeur. L'homme religieux est en chemin et doit être prêt à se laisser guider, à sortir de soi pour trouver le Dieu qui surprend toujours. Ce respect de Dieu pour les yeux de l'homme nous montre que, quand l'homme s'approche de Lui, la lumière humaine ne se dissout pas dans l'immensité lumineuse de Dieu, comme si elle était une étoile engloutie par l'aube, mais elle devient plus brillante d'autant plus qu'elle est proche du feu des origines, comme le miroir qui reflète la splendeur. La confession chrétienne de Jésus, unique sauveur, affirme que toute la lumière de Dieu s'est concentrée en lui, dans sa « vie lumineuse », où se révèlent l'origine et la consommation de l'histoire [1]. Il n'y a aucune expérience humaine, aucun itinéraire de l'homme vers Dieu, qui ne puisse être accueilli, éclairé et purifié par cette lumière. Plus le chrétien s'immerge dans le cercle ouvert par la lumière du Christ, plus il est capable de comprendre et d'accompagner la route de tout homme vers Dieu.

Puisque la foi se configure comme chemin, elle concerne aussi la vie des hommes qui, même en ne croyant pas, désirent croire et cherchent sans

1. Voir CONGRÉGATION POUR LA DOCTRINE DE LA FOI, Décl. *Dominus Iesus* (6 août 2000), 15 : *AAS* 92 (2000), p. 756.

cesse. Dans la mesure où ils s'ouvrent à l'amour d'un cœur sincère et se mettent en chemin avec cette lumière qu'ils parviennent à saisir, ils vivent déjà, sans le savoir, sur le chemin vers la foi. Ils cherchent à agir comme si Dieu existait, parfois parce qu'ils reconnaissent son importance pour trouver des orientations solides dans la vie ordinaire ou parce qu'ils expérimentent le désir de lumière au milieu de l'obscurité, mais aussi parce que, en percevant combien la vie est grande et belle, ils pressentent que la présence de Dieu la rendrait encore plus grande. Saint Irénée de Lyon raconte qu'Abraham, avant d'écouter la voix de Dieu, le cherchait déjà « d'un cœur brûlant d'amour », et « il parcourt la terre entière cherchant la trace de Dieu », jusqu'à ce que « Dieu soit rempli de tendresse pour celui qui le cherche seul et en silence [1] ». Celui qui se met en chemin pour faire le bien s'approche déjà de Dieu, est déjà soutenu par son aide, parce que c'est le propre de la dynamique de la lumière divine d'éclairer nos yeux quand nous marchons vers la plénitude de l'amour.

Foi et théologie

36. Puisque la foi est une lumière, elle nous invite à nous incorporer en elle, à explorer toujours davantage l'horizon qu'elle éclaire, pour mieux

1. *Demonstratio apostolicae praedicationis*, 24 : *SC* 406, p. 117.

connaître ce que nous aimons. De ce désir naît la théologie chrétienne. Il est alors clair que la théologie est impossible sans la foi et qu'elle appartient au mouvement même de la foi, qui cherche l'intelligence la plus profonde de l'autorévélation de Dieu, qui atteint son sommet dans le Mystère du Christ. La première conséquence est que dans la théologie on ne fournit pas seulement, comme dans les sciences expérimentales, un effort de la raison pour scruter et connaître. Dieu ne peut pas être réduit à un objet. Il est le Sujet qui se fait connaître et se manifeste dans la relation de personne à personne. La foi *droite* conduit la raison à s'ouvrir à la lumière qui vient de Dieu, afin que, guidée par l'amour de la vérité, elle puisse connaître Dieu plus profondément. Les grands docteurs et théologiens médiévaux ont montré que la théologie, comme science de la foi, est une participation à la connaissance que Dieu a de lui-même. La théologie, alors, n'est pas seulement une parole sur Dieu, mais elle est avant tout l'accueil et la recherche d'une intelligence plus profonde de la parole que Dieu nous adresse, cette parole que Dieu prononce sur lui-même, parce qu'il est un dialogue éternel de communion, et qu'il admet l'homme à l'intérieur de ce dialogue [1]. L'humilité qui se laisse « toucher » par Dieu fait partie alors de la théologie, reconnaît ses limites devant le Mystère et est motivée à explorer, avec la disci-

1. Voir BONAVENTURE, *Breviloquium*, *Prol.* : Opera Omnia, V, Quaracchi, 1891, p. 201 ; THOMAS D'AQUIN, *Somme théologique*, I, q. 1.

pline propre à la raison, les richesses insondables de ce Mystère.

La théologie partage en outre la forme ecclésiale de la foi ; sa lumière est la lumière du sujet croyant qui est l'Église. Cela implique, d'une part, que la théologie soit au service de la foi des chrétiens, qu'elle se mette humblement à garder et à approfondir la croyance de tous, surtout des plus simples. En outre, la théologie, puisqu'elle vit de la foi, ne considère pas le Magistère du Pape et des Évêques en communion avec lui comme quelque chose d'extrinsèque, une limite à sa liberté, mais, au contraire, comme un de ses moments internes, constitutifs, en tant que le Magistère assure le contact avec la source originaire, et offre donc la certitude de puiser à la Parole du Christ dans son intégrité.

TROISIÈME CHAPITRE

JE VOUS TRANSMETS CE QUE J'AI REÇU

(cf. 1 *Co* 15, 3)

L'Église, mère de notre foi

37. Celui qui s'est ouvert à l'amour de Dieu, qui a écouté sa voix et reçu sa lumière, ne peut garder ce don pour lui. Puisque la foi est écoute et vision, elle se transmet aussi comme parole et comme lumière. S'adressant aux Corinthiens, l'Apôtre Paul utilise justement ces deux images. D'une part il dit : « Possédant ce même esprit de foi, selon ce qui est écrit : *J'ai cru, c'est pourquoi j'ai parlé*, nous aussi nous croyons, et c'est pourquoi nous parlons » (2 *Co* 4, 13). La parole reçue se fait réponse, confession, et de cette manière résonne pour les autres, les invitant à croire. D'autre part saint Paul se réfère aussi à la lumière : « Nous qui, le visage découvert, réfléchissons comme en un miroir la gloire du Seigneur, nous sommes transformés en cette même image » (2 *Co* 3, 18). Il s'agit d'une lumière qui se reflète de visage en visage, de même que Moïse portait sur lui le reflet de la gloire de Dieu après lui avoir parlé : « [Dieu] a resplendi dans nos cœurs pour faire briller la connaissance de la gloire de Dieu,

qui est sur la face du Christ » (2 *Co* 4, 6). La lumière de Jésus brille, comme dans un miroir, sur le visage des chrétiens, et ainsi elle se répand et arrive jusqu'à nous, pour que nous puissions, nous aussi, participer à cette vision et réfléchir sur les autres cette lumière, comme dans la liturgie de Pâques la lumière du cierge allume beaucoup d'autres cierges. La foi se transmet, pour ainsi dire, par contact, de personne à personne, comme une flamme s'allume à une autre flamme. Les chrétiens, dans leur pauvreté, sèment une graine si féconde qu'elle devient un grand arbre et est capable de remplir le monde de fruits.

38. La transmission de la foi, qui brille pour tous les hommes et en tout lieu, traverse aussi l'axe du temps, de génération en génération. Puisque la foi naît d'une rencontre qui se produit dans l'histoire et éclaire notre cheminement dans le temps, elle doit se transmettre au long des siècles. C'est à travers une chaîne ininterrompue de témoignages que le visage de Jésus parvient jusqu'à nous. Comment cela est-il possible ? Comment être sûr d'atteindre le « vrai Jésus » par-delà les siècles ? Si l'homme était un être isolé, si nous voulions partir seulement du « moi » individuel qui veut trouver en lui-même la certitude de sa connaissance, une telle certitude serait alors impossible. Je ne peux pas voir par moi-même ce qui s'est passé à une époque si distante de moi. Mais tel n'est pas toutefois le seul moyen dont dispose l'homme pour connaître. La personne vit toujours en relation. Elle provient d'autres person-

nes, appartient à d'autres, sa vie est enrichie par la rencontre avec les autres. De même, la connaissance que nous avons de nous-mêmes – la conscience de soi – est également de type relationnel, et elle est liée aux autres qui nous ont précédés : en premier lieu nos parents, qui nous ont donné la vie et le nom. Même le langage – les mots avec lesquels nous interprétons notre vie et notre réalité – nous parvient à travers d'autres, il est conservé dans la mémoire vivante d'autres. La connaissance de nous-mêmes n'est possible que lorsque nous participons à une mémoire plus vaste. Il en est ainsi de la foi, qui porte à sa perfection la manière humaine de comprendre. Le passé de la foi, cet acte d'amour de Jésus qui a donné au monde une vie nouvelle, nous parvient par la mémoire d'autres, des témoins, et il est de la sorte conservé vivant dans ce sujet unique de mémoire qu'est l'Église. L'Église est une Mère qui nous enseigne à parler le langage de la foi. Saint Jean a insisté sur cet aspect dans son Évangile, en reliant foi et mémoire, et en les associant toutes deux à l'action du Saint-Esprit qui, comme dit Jésus, « vous rappellera tout » (*Jn* 14, 26). L'Amour, qui est l'Esprit, et qui demeure dans l'Église, maintient réunies toutes les époques entre elles et nous rend contemporains de Jésus, devenant ainsi le guide de notre cheminement dans la foi.

39. Il est impossible de croire seul. La foi n'est pas seulement une option individuelle que le croyant prendrait dans son intériorité, elle n'est

pas une relation isolée entre le « moi » du fidèle et le « Toi » divin, entre le sujet autonome et Dieu. Par nature, elle s'ouvre au « nous », elle advient toujours dans la communion de l'Église. La forme dialoguée du *Credo*, utilisée dans la liturgie baptismale, nous le rappelle. L'acte de croire s'exprime comme une réponse à une invitation, à une parole qui doit être écoutée. Il ne procède pas de moi, mais il s'inscrit dans un dialogue, il ne peut être une pure confession qui proviendrait d'un individu. Il est possible de répondre à la première personne, « je crois », seulement dans la mesure où l'on appartient à une large communion, seulement parce que l'on dit aussi « nous croyons ». Cette ouverture au « nous » ecclésial se produit selon l'ouverture même de l'amour de Dieu, qui n'est pas seulement relation entre Père et Fils, entre « moi » et « toi », mais qui est aussi dans l'Esprit un « nous », une communion de personnes. Voilà pourquoi celui qui croit n'est jamais seul, et pourquoi la foi tend à se diffuser, à inviter les autres à sa joie. Celui qui reçoit la foi découvre que les espaces de son « moi » s'élargissent, et que de nouvelles relations qui enrichissent sa vie sont générées en lui. Tertullien l'a exprimé de manière convaincante en parlant du catéchumène qui, « après le bain de la nouvelle naissance », est accueilli dans la maison de la Mère pour élever les mains et prier, avec ses frères, le *Notre Père* : il est accueilli dans une nouvelle famille [1].

1. Voir *De Baptismo*, 20,5 : *CCL* I, 295.

Les sacrements et la transmission de la foi

40. Comme toute famille, l'Église transmet à ses enfants le contenu de sa mémoire. Comment faire pour que rien ne soit perdu et qu'au contraire l'héritage de la foi s'approfondisse toujours davantage ? C'est par la Tradition apostolique, conservée dans l'Église avec l'aide de l'Esprit Saint, que nous avons un contact vivant avec la mémoire fondatrice. Et ce qui a été transmis par les Apôtres – comme l'affirme le Concile œcuménique Vatican II – « embrasse tout ce qui contribue à une sainte conduite de la vie du Peuple de Dieu et à l'accroissement de la foi, et ainsi l'Église, dans sa doctrine, sa vie et son culte, perpétue et transmet à toutes les générations tout ce qu'elle est elle-même, tout ce qu'elle croit [1] ».

La foi a besoin, en effet, d'un milieu dans lequel on puisse témoigner et communiquer, et qui corresponde et soit proportionné à ce qui est communiqué. Pour transmettre un contenu purement doctrinal, une idée, un livre suffirait sans doute, ou bien la répétition d'un message oral. Mais ce qui est communiqué dans l'Église, ce qui se transmet dans sa Tradition vivante, c'est la nouvelle lumière qui naît de la rencontre avec le Dieu vivant, une lumière qui touche la personne au plus profond, au cœur, impliquant son esprit, sa volonté et son affectivité, et l'ouvrant à des relations vivantes de communion avec Dieu et

1. CONC. ŒCUM. VAT. II, Const. dogm. sur la Révélation divine *Dei Verbum*, n. 8.

avec les autres. Pour transmettre cette plénitude, il y a un moyen spécial qui met en jeu toute la personne, corps et esprit, intériorité et relations. Ce sont les sacrements, célébrés dans la liturgie de l'Église. Par eux, une mémoire incarnée est communiquée, liée aux lieux et aux temps de la vie, et qui prend en compte tous les sens. Par eux, la personne est engagée, en tant que membre d'un sujet vivant, dans un tissu de relations communautaires. En conséquence, s'il est vrai de dire que les sacrements sont les sacrements de la foi [1], il faut dire aussi que la foi a une structure sacramentelle. Le réveil de la foi passe par le réveil d'un nouveau sens sacramentel de la vie de l'homme et de l'existence chrétienne, qui montre comment le visible et le matériel s'ouvrent sur le mystère de l'éternité.

41. La foi se transmet, en premier lieu, par le Baptême. Il pourrait sembler que le Baptême soit seulement une manière de symboliser la confession de foi, un acte pédagogique destiné à celui qui a besoin d'images et de gestes, mais dont on pourrait, dans le fond, se passer. Une parole de saint Paul sur le Baptême nous rappelle qu'il n'en est rien. Il affirme que « nous avons été ensevelis avec le Christ par le Baptême dans la mort, afin que, comme le Christ est ressuscité des morts par la gloire du Père, nous vivions nous aussi dans une vie nouvelle » (*Rm* 6, 4).

---

1. Voir CONC. ŒCUM. VAT. II, Const. sur la sainte liturgie *Sacrosanctum Concilium*, n. 59.

Dans le Baptême nous devenons une nouvelle créature et fils adoptif de Dieu. L'Apôtre affirme ensuite que le chrétien a été confié à une « forme d'enseignement » *(typos didachés)*, auquel il obéit de tout son cœur (cf. *Rm* 6, 17). Dans le Baptême, l'homme reçoit aussi une doctrine à professer et une forme concrète de vie qui exige l'engagement de toute sa personne et l'achemine vers le bien. Il est transféré dans un univers nouveau, confié à un nouveau milieu, à un nouveau mode d'agir commun, dans l'Église. Le Baptême nous rappelle ainsi que la foi n'est pas l'œuvre d'un individu isolé, elle n'est pas un acte que l'homme pourrait accomplir par ses propres forces ; mais elle doit être reçue, en entrant dans la communion de l'Église qui transmet le don de Dieu : on ne se baptise pas soi-même, pas plus qu'on ne naît soi-même à l'existence. Nous avons été baptisés.

42. Quels sont les éléments du Baptême qui nous introduisent dans cette nouvelle « forme d'enseignement » ? En premier lieu le Nom de la Trinité : Père, Fils et Saint Esprit est invoqué sur le catéchumène. Une synthèse du chemin de la foi est ainsi faite dès le départ. Le Dieu qui a appelé Abraham et qui a voulu être appelé son Dieu ; le Dieu qui a révélé son Nom à Moïse, le Dieu qui en livrant son Fils nous a révélé pleinement le mystère de son Nom, donne au baptisé une nouvelle identité filiale. La signification de l'action – l'immersion dans l'eau – accomplie lors du baptême apparaît alors : l'eau est symbole de

mort, qui nous invite à passer par la conversion du « moi », à un « Moi » plus large, et en même temps symbole de vie, vie à laquelle nous renaissons en suivant le Christ dans son existence nouvelle. De cette façon, par l'immersion dans l'eau, le Baptême évoque la structure incarnée de la foi. L'action du Christ nous touche dans notre réalité personnelle, elle nous transforme radicalement, nous rend fils adoptifs de Dieu, participants de la nature divine ; elle modifie ainsi toutes nos relations, notre situation concrète dans le monde et dans le cosmos, les ouvrant à sa propre vie de communion. Ce dynamisme de transformation, propre au Baptême, nous aide à comprendre l'importance du catéchuménat, qui aujourd'hui, même dans les sociétés d'ancienne tradition chrétienne dans lesquelles un nombre croissant d'adultes s'approchent du sacrement de Baptême, revêt une importance singulière pour la nouvelle évangélisation. Il est le chemin de préparation au Baptême, à la transformation de l'existence tout entière dans le Christ.

Pour comprendre le lien entre Baptême et foi, nous pouvons nous rappeler un texte du prophète Isaïe qui était associé au Baptême dans l'ancienne littérature chrétienne : « les roches escarpées seront son refuge [...], l'eau ne lui manquera pas » (*Is* 33, 16 [1]). Le baptisé, délivré des eaux de la mort, pouvait se dresser debout sur la « roche escarpée » parce qu'il avait trouvé un appui sûr.

1. Voir *Epistula Barnabae*, 11,5 : *SC* 172, p. 162.

Ainsi, l'eau de la mort est transformée en eau de la vie. Le texte grec la désignait comme eau *pistòs*, eau « fidèle ». L'eau du Baptême est fidèle parce qu'on peut se fier à elle, parce que son courant introduit dans la dynamique d'amour de Jésus, source assurée sur notre chemin dans la vie.

43. La structure du Baptême, sa configuration de renaissance, dans laquelle nous recevons un nom nouveau et une vie nouvelle, nous aide à comprendre le sens et l'importance du Baptême des enfants. L'enfant n'est pas capable d'un acte libre d'accueil de la foi, il ne peut pas encore la confesser de lui-même ; pour cette raison, ses parents, son parrain ou sa marraine confessent la foi en son nom. La foi est vécue à l'intérieur de la communauté de l'Église, elle s'inscrit dans un « nous » commun. Ainsi, l'enfant peut être soutenu par d'autres, ses parents, son parrain ou sa marraine, il peut être accueilli dans leur foi, qui est la foi de l'Église, symbolisée par la lumière que le père allume au cierge dans la liturgie baptismale. Cette structure du Baptême met en évidence l'importance de la synergie entre l'Église et la famille dans la transmission de la foi. Les parents sont appelés, selon une parole de saint Augustin, non seulement à engendrer les enfants à la vie, mais aussi à les conduire à Dieu, afin que, par le Baptême, ils soient régénérés comme enfants de Dieu et reçoivent le don de la foi. Ainsi, avec la vie, leur sont données l'orientation fondamentale de leur existence et l'assurance d'un avenir

conforme au bien [1], orientation qui sera corroborée ultérieurement dans le sacrement de la Confirmation par le sceau de l'Esprit Saint.

44. La nature sacramentelle de la foi trouve sa plus grande expression dans l'Eucharistie. Elle est la précieuse nourriture de la foi, rencontre avec le Christ réellement présent dans l'acte suprême de son amour, le don de lui-même qui produit la vie. Dans l'Eucharistie nous avons le croisement de deux axes sur lesquels la foi fait son chemin. D'un côté, l'axe de l'histoire : l'Eucharistie est un acte de mémoire, une actualisation du mystère, dans lequel le passé, comme événement de mort et de résurrection, montre sa capacité d'ouvrir à l'avenir, d'anticiper la plénitude finale. La liturgie nous le rappelle avec son *hodie*, l'« aujourd'hui » des mystères du salut. D'un autre côté, il y a l'axe qui conduit du monde visible vers l'invisible. Dans l'Eucharistie nous apprenons à saisir la profondeur du réel. Le pain et le vin se transforment en Corps et Sang du Christ qui se rend présent dans son chemin pascal vers le Père : ce mouvement nous introduit, corps et âme, dans le mouvement de tout le créé vers sa plénitude en Dieu.

45. Dans la célébration des sacrements, l'Église transmet sa mémoire, en particulier avec la profession de foi. Celle-ci ne consiste pas tant à don-

---

1. Voir *De nuptiis et concupiscentia*, I, 4, 5 : *PL* 44, 413 : *« Habent quippe intentionem generandi regenerandos, ut qui ex eis saeculi filii nascuntur in Dei filios renascantur. »*

ner son assentiment à un ensemble de vérités abstraites. Dans la confession de foi, au contraire, toute la vie s'achemine vers la pleine communion avec le Dieu vivant. On peut dire que, dans le *Credo*, le croyant est invité à entrer dans le mystère qu'il professe et à se laisser transformer par ce qu'il professe. Pour comprendre le sens de cette affirmation, nous pensons surtout au contenu du *Credo* qui a une structure trinitaire : le Père et le Fils s'unissent dans l'Esprit d'Amour. Ainsi, le croyant affirme que le centre de l'être, le secret le plus profond de toute chose, c'est la communion divine. Par ailleurs, le *Credo* contient aussi une confession christologique : les mystères de la vie de Jésus sont de nouveau parcourus jusqu'à sa Mort, sa Résurrection et son Ascension au ciel, dans l'attente de sa venue finale dans la gloire. On affirme donc que ce Dieu communion, échange d'amour entre Père et Fils dans l'Esprit, est capable d'embrasser l'histoire de l'homme, de l'introduire dans son dynamisme de communion, qui a son origine et sa fin ultime dans le Père. Celui qui confesse la foi se trouve engagé dans la vérité qu'il confesse. Il ne peut pas prononcer en vérité les paroles du *Credo* sans être par cela même transformé, sans être introduit dans une histoire d'amour qui le saisit, qui dilate son être en le rendant membre d'une grande communion, du sujet ultime qui prononce le *Credo* et qui est l'Église. Toutes les vérités à croire disent le mystère de la vie nouvelle de la foi comme chemin de communion avec le Dieu Vivant.

Foi, prière et Décalogue

46. Deux autres éléments sont essentiels pour la transmission fidèle de la mémoire de l'Église. Il y a en premier lieu la prière du Seigneur, le *Notre Père*. Dans cette prière, le chrétien apprend à partager l'expérience spirituelle elle-même du Christ et commence à voir avec les yeux du Christ. À partir de Celui qui est Lumière née de la Lumière, le Fils unique du Père, nous connaissons Dieu nous aussi et nous pouvons enflammer en d'autres le désir de s'approcher de Lui.

Le lien entre foi et Décalogue est également important. La foi, nous l'avons dit, apparaît comme un chemin, une route à parcourir, ouverte à la rencontre avec le Dieu vivant. C'est pourquoi, à la lumière de la foi et de la confiance totale dans le Dieu qui sauve, le Décalogue acquiert sa vérité la plus profonde, contenue dans les paroles qui introduisent les dix commandements : « Je suis ton Dieu qui t'a fait sortir du pays d'Égypte » (*Ex* 20, 2). Le Décalogue n'est pas un ensemble de préceptes négatifs, mais des indications concrètes afin de sortir du désert du « moi » autoréférentiel, renfermé sur lui-même, et d'entrer en dialogue avec Dieu, en se laissant embrasser par sa miséricorde et pouvoir en témoigner. La foi confesse ainsi l'amour de Dieu, origine et soutien de tout, elle se laisse porter par cet amour pour marcher vers la plénitude de la communion avec Dieu. Le Décalogue apparaît comme le chemin de la reconnaissance, de la réponse d'amour, réponse possible parce que, dans la foi, nous sommes ouverts à l'expérience de l'amour transformant de Dieu pour nous. Et ce chemin reçoit une lumière nouvelle de ce que Jésus enseigne dans le discours sur la montagne (Cf. *Mt* 5-7).

J'ai évoqué ainsi les quatre éléments qui résument le trésor de mémoire que l'Église transmet : la Confession de foi, la célébration des Sacrements, le chemin du Décalogue, la prière. La catéchèse de l'Église s'est structurée autour de ces éléments, y compris le *Catéchisme de l'Église catholique*, instrument fondamental par lequel, de manière unifiée, l'Église communique le contenu complet de la foi, « tout ce qu'elle est, tout ce qu'elle croit [1] ».

L'unité et l'intégrité de la foi

47. L'unité de l'Église, dans le temps et dans l'espace, est liée à l'unité de la foi : « il n'y a qu'un Corps et qu'un Esprit [...] comme il n'y a qu'une seule foi » (*Ep* 4, 4-5). Il peut sembler aujourd'hui réalisable que les hommes s'unissent dans un engagement commun, le désir du bien, le partage d'une même destinée, un but commun. Mais il est très difficile de concevoir une unité dans la même vérité. Il semble qu'une unité de ce genre s'oppose à la liberté de pensée et à l'autonomie du sujet. L'expérience de l'amour nous dit au contraire que c'est justement dans l'amour qu'il

1. CONC. ŒCUM. VAT. II, Const. dogm. sur la Révélation divine *Dei Verbum*, n. 8.

est possible d'avoir une vision commune ; qu'en lui nous apprenons à voir la réalité avec les yeux de l'autre, et que cela n'appauvrit pas mais enrichit notre regard. Le véritable amour, à la mesure de l'amour divin, exige la vérité et, dans le regard commun de la vérité qui est Jésus Christ, devient solide et profond. L'unité de vision en un seul corps et en un seul esprit est aussi joie de la foi. En ce sens saint Léon le Grand pouvait affirmer : « Si la foi n'est pas une, elle n'est pas la foi [1]. » Quel est le secret de cette unité ? La foi est une, en premier lieu, en raison de l'unité du Dieu connu et confessé. Tous les articles de foi se réfèrent à Lui, ils sont les chemins pour connaître son être et son agir. En conséquence ils ont une unité supérieure à toute autre unité que nous pourrions construire par notre pensée ; ils possèdent l'unité qui nous enrichit parce qu'elle se communique à nous et nous rend « un ».

En outre, la foi est une parce qu'elle se réfère à l'unique Seigneur, à la vie de Jésus, à son histoire concrète qu'il partage avec nous. Saint Irénée de Lyon l'a clairement affirmé contre les hérétiques gnostiques. Ceux-ci soutenaient l'existence de deux types de foi : une foi grossière, imparfaite, celle des simples, qui restait au niveau de la chair du Christ et de la contemplation de ses mystères ; et un autre type de foi plus profond et plus parfait, la vraie foi, réservée à un petit cercle d'initiés qui s'élevait par l'intelligence au-delà de la chair de Jésus jusqu'aux mystères de la divinité inconnue.

1. *In nativitate Domini sermo* 4, 6 : *SC* 22, p. 110.

Devant cette prétention, qui continue à séduire et qui a ses adeptes encore de nos jours, saint Irénée affirme qu'il n'y a qu'une seule foi, parce que celle-ci passe toujours par le concret de l'Incarnation, sans jamais faire abstraction de la chair ni de l'histoire du Christ, puisque Dieu a voulu s'y révéler pleinement. C'est pour cela qu'il n'y a pas de différence entre la foi de « celui qui est capable d'en parler longuement » et la foi de « celui qui en parle peu », de celui qui a des capacités et de celui qui en a moins : le premier ne peut augmenter la foi, ni le second la diminuer [1]. Enfin, la foi est une parce qu'elle est partagée par toute l'Église, qui est un seul corps et un seul Esprit. Dans la communion de cet unique sujet qu'est l'Église, nous recevons un regard commun. En confessant la même foi, nous nous appuyons sur le même roc, nous sommes transformés dans le même Esprit d'amour, nous rayonnons d'une lumière unique, et nous pénétrons la réalité d'un seul regard.

48. Étant donné qu'il n'y a qu'une seule foi, celle-ci doit être confessée dans toute sa pureté et son intégrité. C'est bien parce que tous les articles de foi sont reliés entre eux et ne font qu'un qu'en nier un seul, même celui qui semblerait de moindre importance, revient à porter atteinte à tout l'ensemble. Chaque époque peut rencontrer plus ou moins de difficultés à admettre certains points

1. Irénée de Lyon, *Adversus haereses*, I, 10, 2 : *SC* 264, p. 160.

de la foi : il est donc important de veiller, afin que le dépôt de la foi soit transmis dans sa totalité (cf. 1 *Tm* 6, 20), et pour que l'on insiste opportunément sur tous les aspects de la confession de foi. Et puisque l'unité de la foi est l'unité de l'Église, retirer quoi que ce soit à la foi revient à retirer quelque chose à la vérité de la communion. Les Pères ont décrit la foi comme un corps, le corps de la vérité, avec plusieurs membres, par analogie avec le Corps du Christ et son prolongement dans l'Église [1]. L'intégrité de la foi a été aussi liée à l'image de l'Église vierge, à sa fidélité dans l'amour sponsal pour le Christ : porter atteinte à la foi revient à porter atteinte à la communion avec le Seigneur [2]. L'unité de la foi est donc celle d'un organisme vivant, comme l'a bien remarqué le bienheureux John Henry Newman lorsqu'il comptait, parmi les notes caractérisant la continuité de la doctrine dans le temps, sa capacité d'assimiler tout ce qu'elle trouve dans les divers milieux où elle est présente et les différentes cultures qu'elle rencontre [3], purifiant toute chose et la portant à sa parfaite expression. Ainsi la foi se montre universelle, catholique, parce que sa lumière grandit pour illuminer tout le cosmos et toute l'histoire.

---

1. Voir *ibid.*, II, 27, 1 : *SC* 294, p. 264.
2. AUGUSTIN, *De sancta virginitate*, 48, 48 : *PL* 40,424-425 : *« Servatur et in fide inviolata quaedam castitas virginalis, qua Ecclesia uni viro virgo casta cooptatur. »*
3. Voir *An Essay on the Development of Christian Doctrine*, Londres, 1868-1881, p. 185-189.

49. Au service de l'unité de la foi et de sa transmission complète, le Seigneur a fait à l'Église le don de la succession apostolique. Par elle, la continuité de la mémoire de l'Église est assurée, et il est possible d'atteindre avec certitude la source pure d'où surgit la foi. Le lien avec l'origine est donc garanti par des personnes vivantes, ce qui correspond à la foi vivante que l'Église transmet. Elle s'appuie sur la fidélité des témoins qui ont été choisis par le Seigneur à cette fin. C'est pour cela que le Magistère s'exprime toujours dans l'obéissance à la Parole originelle sur laquelle est fondée la foi. Il est digne de confiance parce qu'il se fie à cette Parole qu'il écoute, garde et explique [1]. Dans le discours d'adieu aux anciens d'Éphèse, à Milet, que saint Luc raconte dans les Actes des Apôtres, saint Paul témoigne avoir accompli la charge que le Seigneur lui a confiée d'« annoncer toute la volonté de Dieu » (*Ac* 20, 27). C'est par le Magistère de l'Église que peut nous parvenir intacte cette volonté, et avec elle la joie de pouvoir pleinement l'accomplir.

---

1. Voir CONC. ŒCUM. VAT. II, Const. dogm. sur la Révélation divine *Dei Verbum*, n. 10.

QUATRIÈME CHAPITRE

DIEU PRÉPARE POUR EUX UNE CITÉ

(cf. *He* 11, 16)

La foi et le bien commun

50. Dans la présentation de l'histoire des Patriarches et des justes de l'Ancien Testament, la *Lettre aux Hébreux* met en relief un aspect essentiel de leur foi. Elle ne se présente pas seulement comme un chemin, mais aussi comme l'édification, la préparation d'un lieu dans lequel les hommes peuvent habiter ensemble. Le premier constructeur est Noé qui, dans l'arche, réussit à sauver sa famille (cf. *He* 11, 7). Vient ensuite Abraham, dont il est dit que, par la foi, il habitait une tente, attendant la ville aux solides fondations (cf. *He* 11, 9-10). De la foi surgit une nouvelle confiance, une nouvelle assurance que seul Dieu peut donner. Si l'homme de foi s'appuie sur le Dieu de l'Amen, sur le Dieu fidèle (cf. *Is* 65, 16), et devient ainsi lui-même assuré, nous pouvons ajouter que cette fermeté de la foi fait référence aussi à la cité que Dieu prépare pour l'homme. La foi révèle combien les liens entre les hommes peuvent être forts, quand Dieu se rend présent au milieu d'eux. Il ne s'agit pas seulement d'une fermeté intérieure, d'une conviction stable du

croyant ; la foi éclaire aussi les relations entre les hommes, parce qu'elle naît de l'amour et suit la dynamique de l'amour de Dieu. Le Dieu digne de confiance donne aux hommes une cité fiable.

51. En raison de son lien avec l'amour (cf. *Ga* 5, 6), la lumière de la foi se met au service concret de la justice, du droit et de la paix. La foi naît de la rencontre avec l'amour originaire de Dieu en qui apparaissent le sens et la bonté de notre vie ; celle-ci est illuminée dans la mesure même où elle entre dans le dynamisme ouvert par cet amour, devenant chemin et pratique vers la plénitude de l'amour. La lumière de la foi est capable de valoriser la richesse des relations humaines, leur capacité à perdurer, à être fiables et à enrichir la vie commune. La foi n'éloigne pas du monde et ne reste pas étrangère à l'engagement concret de nos contemporains. Sans un amour digne de confiance, rien ne pourrait tenir les hommes vraiment unis entre eux. Leur unité ne serait concevable que fondée uniquement sur l'utilité, sur la composition des intérêts, sur la peur, mais non pas sur le bien de vivre ensemble, ni sur la joie que la simple présence de l'autre peut susciter. La foi fait comprendre la structuration des relations humaines, parce qu'elle en perçoit le fondement ultime et le destin définitif en Dieu, dans son amour, et elle éclaire ainsi l'art de l'édification, en devenant un service du bien commun. Oui, la foi est un bien pour tous, elle est un bien commun, sa lumière n'éclaire pas seulement l'intérieur de l'Église et ne sert pas seulement à construire une

cité éternelle dans l'au-delà ; elle nous aide aussi à édifier nos sociétés, afin que nous marchions vers un avenir plein d'espérance. La *Lettre aux Hébreux* nous en donne un exemple quand, parmi les hommes de foi, elle cite Samuel et David auxquels la foi a permis d'« exercer la justice » (11, 33). Là, l'expression fait référence à la justice de leur gouvernement, à cette sagesse qui donne la paix au peuple (cf. 1 *S* 12, 3-5 ; 2 *S* 8, 15). Les mains de la foi s'élèvent vers le ciel mais en même temps, dans la charité, elles édifient une cité, sur la base de rapports dont l'amour de Dieu est le fondement.

La foi et la famille

52. Dans le cheminement d'Abraham vers la cité future, la *Lettre aux Hébreux* fait allusion à la bénédiction qui se transmet de père en fils (cf. 11, 20-21). Le premier environnement dans lequel la foi éclaire la cité des hommes est donc la famille. Je pense surtout à l'union stable de l'homme et de la femme dans le mariage. Celle-ci naît de leur amour, signe et présence de l'amour de Dieu, de la reconnaissance et de l'acceptation de ce bien qu'est la différence sexuelle par laquelle les conjoints peuvent s'unir en une seule chair (cf. *Gn* 2, 24) et sont capables d'engendrer une nouvelle vie, manifestation de la bonté du Créateur, de sa sagesse et de son dessein d'amour. Fondés sur cet amour, l'homme et la femme peuvent se promettre l'amour mutuel dans un geste

qui engage toute leur vie et rappelle tant d'aspects de la foi. Promettre un amour qui soit pour toujours est possible quand on découvre un dessein plus grand que ses propres projets, qui nous soutient et nous permet de donner l'avenir tout entier à la personne aimée. La foi peut aider à comprendre toute la profondeur et toute la richesse de la génération d'enfants, car elle fait reconnaître en cet acte l'amour créateur qui nous donne et nous confie le mystère d'une nouvelle personne. C'est ainsi que Sara, par sa foi, est devenue mère, en comptant sur la fidélité de Dieu à sa promesse (cf. *He* 11, 11).

53. En famille, la foi accompagne tous les âges de la vie, à commencer par l'enfance : les enfants apprennent à se confier à l'amour de leurs parents. C'est pourquoi il est important que les parents cultivent en famille des pratiques communes de foi, qu'ils accompagnent la maturation de la foi de leurs enfants. Traversant une période de la vie si complexe, riche et importante pour la foi, les jeunes surtout doivent ressentir la proximité et l'attention de leur famille et de la communauté ecclésiale dans leur processus de croissance dans la foi. Tous nous avons vu comment, lors des Journées mondiales de la Jeunesse, les jeunes manifestent la joie de la foi, leur engagement à vivre une foi toujours plus ferme et généreuse. Les jeunes désirent une vie qui soit grande. La rencontre avec le Christ – le fait de se laisser saisir et guider par son amour – élargit l'horizon de l'existence et lui donne une espérance solide qui

ne déçoit pas. La foi n'est pas un refuge pour ceux qui sont sans courage, mais un épanouissement de la vie. Elle fait découvrir un grand appel, la vocation à l'amour, et assure que cet amour est fiable, qu'il vaut la peine de se livrer à lui, parce que son fondement se trouve dans la fidélité de Dieu, plus forte que notre fragilité.

Une lumière pour la vie en société

54. Assimilée et approfondie en famille, la foi devient lumière pour éclairer tous les rapports sociaux. Comme expérience de la paternité et de la miséricorde de Dieu, elle s'élargit ensuite en chemin fraternel. Dans la « modernité », on a cherché à construire la fraternité universelle entre les hommes, en la fondant sur leur égalité. Peu à peu, cependant, nous avons compris que cette fraternité, privée de la référence à un Père commun comme son fondement ultime, ne réussit pas à subsister. Il faut donc revenir à la vraie racine de la fraternité. L'histoire de la foi, depuis son début, est une histoire de fraternité, même si elle n'est pas exempte de conflits. Dieu appelle Abraham à quitter son pays et promet de faire de lui une seule grande nation, un grand peuple, sur lequel repose la Bénédiction divine (cf. *Gn* 12, 1-3). Au fil de l'histoire du salut, l'homme découvre que Dieu veut faire participer tous, en tant que frères, à l'unique bénédiction, qui atteint sa plénitude en Jésus, afin que tous ne fassent qu'un. L'amour inépuisable du Père commun nous est communi-

qué, en Jésus, à travers aussi la présence du frère. La foi nous enseigne à voir que dans chaque homme il y a une bénédiction pour moi, que la lumière du visage de Dieu m'illumine à travers le visage du frère.

Le regard de la foi chrétienne a apporté de nombreux bienfaits à la cité des hommes pour leur vie en commun ! Grâce à la foi, nous avons compris la dignité unique de chaque personne, qui n'était pas si évidente dans le monde antique. Au deuxième siècle, le païen Celse reprochait aux chrétiens ce qui lui paraissait une illusion et une tromperie : penser que Dieu avait créé le monde pour l'homme, le plaçant au sommet de tout le cosmos. Il se demandait alors : « Pourquoi veut-on que l'herbe pousse plutôt pour les hommes que pour les plus sauvages de tous les animaux sans raison [1] ? » « Si quelqu'un regardait du ciel sur la terre, quelle différence trouverait-il entre ce que nous faisons et ce que font les fourmis ou les abeilles [2] ? » Au centre de la foi biblique, se trouve l'amour de Dieu, sa sollicitude concrète pour chaque personne, son dessein de salut qui embrasse toute l'humanité et la création tout entière, et qui atteint son sommet dans l'Incarnation, la Mort et la Résurrection de Jésus Christ. Quand cette réalité est assombrie, il vient à manquer le critère pour discerner ce qui rend la vie de l'homme précieuse et unique. L'homme perd sa place dans l'univers et s'égare dans la nature en renonçant à sa respon-

1. ORIGÈNE, *Contra Celsum*, IV, 75 : *SC* 136, p. 372.
2. *Ibid.*, 85 : *SC* 136, p. 394.

sabilité morale, ou bien il prétend être arbitre absolu en s'attribuant un pouvoir de manipulation sans limites.

55. La foi, en outre, en nous révélant l'amour du Dieu Créateur nous fait respecter davantage la nature, en nous faisant reconnaître en elle une grammaire écrite par Lui et une demeure qu'il nous confie, afin que nous en prenions soin et la gardions ; elle nous aide à trouver des modèles de développement qui ne se fondent pas seulement sur l'utilité et sur le profit, mais qui considèrent la création comme un don dont nous sommes tous débiteurs ; elle nous enseigne à découvrir des formes justes de gouvernement, reconnaissant que l'autorité vient de Dieu pour être au service du bien commun. La foi affirme aussi la possibilité du pardon, qui bien des fois nécessite du temps, des efforts, de la patience et de l'engagement ; le pardon est possible si on découvre que le bien est toujours plus originaire et plus fort que le mal, que la parole par laquelle Dieu soutient notre vie est plus profonde que toutes nos négations. D'ailleurs, même d'un point de vue simplement anthropologique, l'unité est supérieure au conflit ; nous devons aussi prendre en charge le conflit, mais le fait de le vivre doit nous amener à le résoudre, à le vaincre, en le transformant en un maillon d'une chaîne, en un progrès vers l'unité.

Quand la foi diminue, il y a le risque que même les fondements de l'existence s'amoindrissent, comme le prévoyait le poète Thomas Stearns Eliot : « Avez-vous peut-être besoin qu'on vous dise que même ces modestes succès / qui vous permettent d'être fiers d'une société éduquée / survivront difficilement à la foi à laquelle ils doivent leur signification [1] ? » Si nous ôtons la foi en Dieu de nos villes, s'affaiblira la confiance entre nous. Nous nous tiendrions unis seulement par peur, et la stabilité serait menacée. La *Lettre aux Hébreux* affirme : « Dieu n'a pas honte de s'appeler leur Dieu ; il leur a préparé, en effet, une ville » (11, 16). L'expression « ne pas avoir honte » est associée à une reconnaissance publique. On veut dire que Dieu confesse publiquement, par son agir concret, sa présence parmi nous, son désir de rendre solides les relations entre les hommes. Peut-être aurions-nous honte d'appeler Dieu notre Dieu ? Peut-être est-ce nous qui ne le confessons pas comme tel dans notre vie publique, qui ne proposerions pas la grandeur de la vie en commun qu'il rend possible ? La foi éclaire la vie en société. Elle possède une lumière créative pour chaque mouvement nouveau de l'histoire, parce qu'elle situe tous les événements en rapport avec l'origine et le destin de toute chose dans le Père qui nous aime.

Une force de consolation dans la souffrance

56. En écrivant aux chrétiens de Corinthe sur ses tribulations et ses souffrances, saint Paul met

1. « Choruses from *The Rock* » dans *The Collected Poems and Plays*, 1909-1950, New York, 1980, p. 106.

en relation sa foi avec la prédication de l'Évangile. Il dit, en effet, que s'accomplit le passage de l'Écriture : « J'ai cru, c'est pourquoi j'ai parlé » (2 *Co* 4, 13). L'Apôtre se réfère à une expression du *Psaume* 116, où le psalmiste s'exclame : « Je crois lors même que je dis : je suis trop malheureux » (v. 10). Parler de la foi amène à parler aussi des épreuves douloureuses, mais justement Paul voit en elles l'annonce la plus convaincante de l'Évangile ; parce que c'est dans la faiblesse et dans la souffrance qu'émerge et se découvre la puissance de Dieu qui dépasse notre faiblesse et notre souffrance. L'Apôtre même se trouve dans une situation de mort, qui deviendra vie pour les chrétiens (cf. 2 *Co* 4, 7-12). À l'heure de l'épreuve, la foi nous éclaire, et dans la souffrance et dans la faiblesse nous apparaît clairement que « ce n'est pas nous que nous prêchons, mais le Christ Jésus, Seigneur » (2 *Co* 4, 5). Le chapitre 11 de la *Lettre aux Hébreux* se conclut par la référence à ceux qui ont souffert pour la foi (cf. 11, 35-38), parmi lesquels une place particulière est attribuée à Moïse, qui a pris sur lui l'opprobre du Christ (cf. v. 26). Le chrétien sait que la souffrance ne peut être éliminée, mais qu'elle peut recevoir un sens, devenir acte d'amour, confiance entre les mains de Dieu qui ne nous abandonne pas et, de cette manière, être une étape de croissance de la foi et de l'amour. En contemplant l'union du Christ avec le Père, même au moment de la souffrance la plus grande sur la croix (cf. *Mc* 15, 34), le chrétien apprend à participer au regard même de Jésus. Par conséquent la mort est éclairée et peut être vécue comme l'ultime appel de la foi, l'ultime « Sors de la terre », l'ultime « Viens ! » prononcé par le Père, à qui nous nous remettons dans la confiance qu'il nous rendra forts aussi dans le passage définitif.

57. La lumière de la foi ne nous fait pas oublier les souffrances du monde. Pour combien d'hommes et de femmes de foi, les personnes qui souffrent ont été des médiatrices de lumière ! Ainsi le lépreux pour saint François d'Assise, ou pour la Bienheureuse Mère Teresa de Calcutta, ses pauvres. Ils ont compris le mystère qui est en eux. En s'approchant d'eux, ils n'ont certes pas effacé toutes leurs souffrances, ni n'ont pu leur expliquer tout le mal. La foi n'est pas une lumière qui dissiperait toutes nos ténèbres, mais la lampe qui guide nos pas dans la nuit, et cela suffit pour le chemin. À l'homme qui souffre, Dieu ne donne pas un raisonnement qui explique tout, mais il offre sa réponse sous la forme d'une présence qui accompagne, d'une histoire de bien qui s'unit à chaque histoire de souffrance pour ouvrir en elle une trouée de lumière. Dans le Christ, Dieu a voulu partager avec nous cette route et nous offrir son regard pour y voir la lumière. Le Christ est celui qui, en ayant supporté la souffrance, « est le chef de notre foi et la porte à la perfection » (*He* 12, 2).

La souffrance nous rappelle que le service rendu par la foi au bien commun est toujours service d'espérance, qui regarde en avant, sachant que c'est seulement de Dieu, de l'avenir qui vient de

Jésus ressuscité, que notre société peut trouver ses fondements solides et durables. En ce sens, la foi est reliée à l'espérance parce que, même si notre demeure terrestre vient à être détruite, nous avons une demeure éternelle que Dieu a désormais inaugurée dans le Christ, dans son corps (cf. 2 *Co* 4, 16-5, 5). Le dynamisme de foi, d'espérance et de charité (cf. 1 *Th* 1, 3 ; 1 *Co* 13, 13) nous fait ainsi embrasser les préoccupations de tous les hommes, dans notre marche vers cette ville, « dont Dieu est l'architecte et le constructeur » (*He* 11, 10), parce que « l'espérance ne déçoit point » (*Rm* 5, 5).

Dans l'unité avec la foi et la charité, l'espérance nous projette vers un avenir certain, qui se situe dans une perspective différente des propositions illusoires des idoles du monde, mais qui donne un nouvel élan et de nouvelles forces à la vie quotidienne. Ne nous faisons pas voler l'espérance, ne permettons pas qu'elle soit rendue vaine par des solutions et des propositions immédiates qui nous arrêtent sur le chemin, qui « fragmentent » le temps, le transformant en moments ; c'est le temps qui gouverne les moments, qui les éclaire et les transforme en maillons d'une chaîne, d'un processus. L'espace fossilise le cours des choses, le temps projette au contraire vers l'avenir et incite à marcher avec espérance.

« Bienheureuse celle qui a cru » (*Lc* 1, 45)

58. Dans la parabole du semeur, saint Luc rapporte ces paroles par lesquelles Jésus explique la

signification de « la bonne terre » : « Ce sont ceux qui, ayant entendu la parole avec un cœur noble et généreux, la retiennent et portent du fruit par leur constance » (*Lc* 8, 15). Dans le contexte de l'évangile de Luc, la mention du cœur noble et généreux, en référence à la Parole écoutée et gardée, constitue un portrait implicite de la foi de la Vierge Marie. Le même évangéliste nous parle de la mémoire de Marie, de la manière dont elle conservait dans son cœur tout ce qu'elle écoutait et voyait, de façon que la Parole portât du fruit dans sa vie. La Mère du Seigneur est l'icône parfaite de la foi, comme dira sainte Élisabeth : « Bienheureuse celle qui a cru » (*Lc* 1, 45).

En Marie, Fille de Sion, s'accomplit la longue histoire de foi de l'Ancien Testament, avec le récit de la vie de beaucoup de femmes fidèles, à commencer par Sara, femmes qui, à côté des Patriarches, étaient le lieu où la promesse de Dieu s'accomplissait, et la vie nouvelle s'épanouissait. À la plénitude des temps, la Parole de Dieu s'est adressée à Marie, et elle l'a accueillie avec tout son être, dans son cœur, pour qu'elle prenne chair en elle et naisse comme lumière pour les hommes. Saint Justin martyr, dans son *Dialogue avec Tryphon*, a une belle expression par laquelle il dit que Marie, en acceptant le message de l'Ange, a conçu « foi et joie [1] ». En la mère de Jésus, en effet, la foi a porté tout son fruit, et quand notre vie spirituelle donne du fruit,

1. Voir *Dialogus cum Tryphone Iudaeo*, 100, 5 : *PG* 6, 710.

nous sommes remplis de joie, ce qui est le signe le plus clair de la grandeur de la foi. Dans sa vie, Marie a accompli le pèlerinage de la foi en suivant son Fils [1]. Ainsi, en Marie, le chemin de foi de l'Ancien Testament est assumé dans le fait de suivre Jésus, et il se laisse transformer par Lui, en entrant dans le regard même du Fils de Dieu incarné.

59. Nous pouvons dire que dans la Bienheureuse Vierge Marie s'est réalisé ce sur quoi j'ai insisté auparavant, c'est-à-dire que le croyant est totalement engagé dans sa confession de foi. Marie est étroitement associée, par son lien avec Jésus, à ce que nous croyons. Dans la conception virginale de Marie, nous avons un signe clair de la filiation divine du Christ. L'origine éternelle du Christ est dans le Père, il est le Fils dans un sens total et unique ; et pour cela il naît dans le temps sans l'intervention d'un homme. Étant Fils, Jésus peut apporter au monde un nouveau commencement et une nouvelle lumière, la plénitude de l'amour fidèle de Dieu qui se livre aux hommes. D'autre part, la maternité véritable de Marie a assuré au Fils de Dieu une véritable histoire humaine, une véritable chair dans laquelle il mourra sur la croix et ressuscitera des morts. Marie l'accompagnera jusqu'à la croix (cf. *Jn* 19, 25), de là sa maternité s'étendra à tout disciple de son Fils (cf. *Jn* 19, 26-27). Elle sera éga-

---

1. Voir CONC. ŒCUM. VAT. II, Const. dogm. sur l'Église *Lumen gentium*, n. 58.

lement présente au cénacle, après la Résurrection et l'Ascension de Jésus, pour implorer avec les Apôtres le don de l'Esprit Saint (cf. *Ac* 1, 14). Le mouvement d'amour entre le Père et le Fils dans l'Esprit a parcouru notre histoire ; le Christ nous attire à Lui pour pouvoir nous sauver (cf. *Jn* 12, 32). Au centre de la foi, se trouve la confession de Jésus, Fils de Dieu, né d'une femme qui nous introduit, par le don de l'Esprit Saint, dans la filiation adoptive (cf. *Ga* 4, 4-6).

60. Tournons-nous vers Marie, Mère de l'Église et Mère de notre foi, en priant :

Ô Mère, aide notre foi !

Ouvre notre écoute à la Parole, pour que nous reconnaissions la voix de Dieu et son appel.

Éveille en nous le désir de suivre ses pas, en sortant de notre terre et en accueillant sa promesse.

Aide-nous à nous laisser toucher par son amour, pour que nous puissions le toucher par la foi.

Aide-nous à nous confier pleinement à Lui, à croire en son amour, surtout dans les moments de tribulations et de croix, quand notre foi est appelée à mûrir.

Sème dans notre foi la joie du Ressuscité.

Rappelle-nous que celui qui croit n'est jamais seul.

Enseigne-nous à regarder avec les yeux de Jésus, pour qu'il soit lumière sur notre chemin. Et que cette lumière de la foi grandisse toujours en nous jusqu'à ce qu'arrive ce jour sans couchant, qui est le Christ lui-même, ton Fils, notre Seigneur !

Donné à Rome, près de Saint-Pierre, le 29 juin 2013, solennité des saints Apôtres Pierre et Paul, en la première année de mon Pontificat.

Franciscus

TABLE DES MATIÈRES

TROISIÈME CHAPITRE
JE VOUS TRANSMETS CE QUE J'AI REÇU
(cf. 1 *Co* 15, 3)

QUATRIÈME CHAPITRE
DIEU PRÉPARE POUR EUX UNE CITÉ
(cf. *He* 11, 16)